De la desesperación a la alegría

Consejos para convertir el pensamiento negativo a positivo

De la desesperación a la alegría

Consejos para convertir el pensamiento negativo a positivo

A P Sharma

1a. edición, septiembre 2010.

Nicolás San Juan 1043, Col. Del Valle. 03100, México, D.F.
Tels. 5575-6615 • 5575-8701 y 5575-0186
Fax. 5575-6695
http://www.grupotomo.com.mx
ISBN-13: 978-607-415-219-7
Miembro de la Cámara Nacional
de la Industria Editorial No. 2961

Traducción: Jocelyn Garzón
Diseño de portada: Karla Silva
Formación tipográfica: Francisco Miguel M.
Supervisor de producción: Leonardo Figueroa

Impreso en México - *Printed in Mexico*

Prólogo

Cuando se publicó mi libro, **El significado de conocerte a ti mismo,** Sri Ram Avtar Gupta, Director General de Pustak Mahal expresó su deseo de publicar algo relacionado a la "felicidad". Pasaron unos años difíciles para cuando Sri Gupta me encomendó nuevas tareas. Como consecuencia, después de pensar seriamente en el tema propuesto, comencé a trabajar en el libro.

Mientras comenzaba a trabajar, descubrí que el tema no era tan simple; en gran parte, pertenecía al dominio de la filosofía y la religión y era también difícil buscarlo rápidamente. Ningún ser humano está libre de problemas personales, como otros yo también tengo diferentes incertidumbres en la vida. ¿Cómo podría proceder en un tema que era casi desconocido para mí? Además, aún después de pensarlo considerablemente, ninguna línea de acción era aparentemente visible para mí. El tema no sugería un camino directo para seguir adelante.

Por unos días las cosas eran muy oscuras. Conforme pasó el tiempo y se ejercitaron más reflexiones y lecturas con paciencia, algunas cosas se hicieron más claras. Aún si no hubiera tenido todo eso que me permitiera trabajar en el tema, hubiera podido por lo menos pensar en ello con paciencia y encontrar alguna respuesta convincente a la pregunta: ¿Es posible la felicidad continua? Conforme pasó el tiempo comencé a sacar de entre mi propia experiencia y gradualmente recordé los acontecimientos relacionados conmigo y con los que narraban mis amigos en el pasado. Como resultado, el libro se volvió realidad.

Al avanzar en el contenido, el lector puede pensar que los temas están ligeramente conectados, pero el hecho es que los temas están profundamente vinculados y se relacionan a los anteriores. Por ejemplo, si uno abriga impedimentos mentales como preocupación, envidia y duda, nunca será capaz de disfrutar los acontecimientos que traerían momentos de alegría.

Del mismo modo, si uno no cultiva el perdón, nunca se sentirá libre de los prejuicios personales, ni tampoco desarrollará un nuevo entendimiento para percibir las cosas con claridad.

Hay otros aspectos también que están directamente relacionados al asunto de la felicidad; uno de ellos es el amor. Más que personal, es el aspecto impersonal del amor humano, que conduce a determinar la felicidad de cada uno. La mayoría de nosotros hablamos acerca del amor, pero generalmente se origina de intereses personales. Es verdad que no podemos trascender fácilmente a la altura que Cristo, Meera, Ram Krishna y Santa Juana de Arco alcanzaron, pero ciertamente alcanzamos un punto en que hacemos caso omiso y fomentamos gente cariñosa sólo por el bien del amor.

La mayoría de la gente piensa que la meditación y las oraciones nos ayudan a ver con más claridad hacia la felicidad. Algunos creen que la meditación y las oraciones van de la mano. Estos dos aspectos se han discutido por separado con la visión de lo lejos que están relacionados entre sí y cuánto nos llevan al camino correcto. Además de explicar lo que se propone la meditación, se han discutido también los procedimientos simples para realizar la meditación.

Si la felicidad fuera un mito, Buda no hubiera sido capaz de conseguirla. Si no fuera una realidad, Ram Krishna, Martin Luther, Vivekananda, Gandhi, Abraham Lincoln y otros que siguieron el camino al amor impersonal, nunca la hubieran logrado. Tal vez el camino que conduce al amor impersonal es difícil, al igual que el camino del mundo. No se puede conseguir nada bueno sin escoger el camino correcto y los medios correctos. Por lo tanto, el gran Buda sugirió la "correcta claridad mental"(sati) y Cristo indicó "ama a tu prójimo como a ti mismo".

La felicidad se puede alcanzar si uno puede cultivar y conseguir el "silencio" de la mente. Esa "quietud" se puede alcanzar por medio del conocimiento adecuado. Se puede conseguir manteniendo la mente totalmente en alerta para que actúe como un observador sin interferir con el "cómo" y el "qué". Se puede alcanzar manteniendo la energía de la mente intacta sin desperdiciarla en asuntos triviales.

El autor expresa su sincera gratitud a sus amigos que lo inspiraron a escribir sobre un tema que puede ser interesante para muchos. Mientras se desarrolla el tema, el autor ha reportado incidentes reales de las vidas de la gente e intentó hacer el tema más auténtico y lúcido. El autor expresa con sinceridad su agradecimiento a los miembros de su familia por su apoyo al realizar este libro.

A. P. Sharma
Udaipur, Rajasthan,

India

Contenido

Uno

¿Es la felicidad una realidad?

Si la felicidad fuera un mito y no una realidad, la gente nunca trataría de conseguirla. Casi todos debemos haberla encontrado en la vida ocasionalmente pero no permanece por mucho con nadie. En ocasiones la vida entera se pierde en su búsqueda sin ningún resultado; a veces se convierte en un espejismo. En ocasiones parece muy cercana pero se va rápidamente. Mientras más tratamos de conseguirla, más lejos se va de nosotros. La verdad básica es la que a pesar del hecho de que es una realidad, es difícil poseerla por largo tiempo. Sólo hay algunas que se han reportado que han sido para siempre. Aunque la gente falle al conseguirla, van constantemente en su búsqueda.

Felicidad personal e impersonal

La mayoría de nosotros creemos siempre en la felicidad personal. Siempre deseamos disfrutar la vida, cultivar el amor e intentar adquirir más y más abundancia. Con frecuencia ponemos énfasis en grandes esperanzas para el futuro. En ese proceso inconscientemente vamos tratando de buscar la felicidad. Con frecuencia el proceso de buscar la felicidad tiene una relación del "otro". La infelicidad viene porque el otro está con frecuencia fuera de nuestro control. Mientras intentamos conseguir la felicidad, se escabulle y sale de nuestro alcance, llevándonos a una región de confusión e infelicidad abundante. Esta es una historia de la mayoría de los hombres que buscan la felicidad personal; a menudo juega a las "escondidas" con ellos.

La felicidad personal que generalmente se alcanza por la realización de nuestros variados anhelos es con frecuencia, muy corta. Cuando se cumple un deseo, el otro estalla. Así, la cadena de deseos, en medio de la realización y la no realización, continúa sin final. Difícilmente hay un final en tales anhelos mientras se precipitan inconscientemente por las imágenes del pasado; esas imágenes que con frecuencia nos permiten una sensualidad pensativa que despierta desde adentro. Anhelamos conseguir lo inalcanzado mientras nos lleva al dominio de la felicidad sensual, lo que continúa por un largo tiempo.

Pero en ocasiones sentimos que hemos sido engañados por una felicidad de corto tiempo y deseamos trascender a un plano más alto para que podamos buscar la felicidad sin fin. Mientras deseamos conseguir la felicidad duradera, se vuelve más difícil y empezamos a comparar los eventos de nuestro pasado, nos desanimamos por el pensamiento de que experimentamos fallas también en nuestra búsqueda de la felicidad; es el comienzo de una búsqueda seria.

El proceso de comparación de las actividades en la vida de uno que nos dieron felicidad e infelicidad lo instruye a buscar algo mejor que podría traerle una satisfacción sin final. Luego intenta buscar un camino diferente que podría llevarlo al plano de la felicidad impersonal. Actúa por el bien de otros con una perspectiva trascendente. Al hacer buenos actos para otros y haciéndolos realizar lo que desean por su propio bien, lo eleva a un plano desconocido. Tal vez es el dominio de una felicidad mejor, mejor porque dura más tiempo. Tanto Gandhi como Martin Luther sabían bien que ayudando a otros al conseguir libertad política y religiosa les daría alegría sin límites que nunca antes habían experimentado. La alegría real les llegó cuando ayudaron a otros a vivir libremente. Ahí es en donde se encuentran los albores de la felicidad impersonal.

La felicidad personal tiene muchas dimensiones. No está limitada al cumplimiento de los deseos sensuales solamente, sino que puede incluir anhelos para conseguir una posición más alta en la vida o acumular riqueza o hasta causar mal sobre los otros. Tales deseos con frecuencia se deshacen en la felicidad de corto tiempo y pueden traer remordimiento y decepción después. La felicidad que uno consigue complaciendo actividades que están directa o indirectamente relacionadas al bien de otros, no es muy parecida a la felicidad personal. Entendámoslo con un ejemplo. Un doctor que trata a un paciente sólo por el dinero no puede obtener tanta satisfacción y felicidad de la mayoría del dinero que gana como el que trata a un paciente con amor y sin ningún interés por el dinero.

De hecho, la felicidad impersonal está más allá de la felicidad personal. Algo más allá de la felicidad impersonal podría ser un acto de trascendencia a un dominio más allá de uno mismo. Por ejemplo, cuando un científico trabajo por el bien de la humanidad, con frecuencia se inspira con ese tipo de sentimiento. Hay muchos ejemplos más de ese tipo de dominio espiritual y religioso, en el que los Maestros que simplemente actuaron por el bien de todo el universo fueron más allá de lo impersonal. Ramakrishna Paramhansa no se dedicó a los deberes de la familia para perpetuar la luz espiritual para otros. GuruNanak ascendió del estado temporal para ayudar al poco instruido. Llevó una vida mendicante y ayudó a la gente a despertar espiritualmente. Vivekananda vagaba alrededor del mundo para esparcir las noticias de su Maestro para que la gente conociera el significado de la fe, el amor y el deber por el país. Cristo dio su vida a esparcir la verdad de que la vida espiritual estaba sobre todo y que el amor al prójimo está más allá de los intereses personales. El reino del cielo está dentro del hombre y no fuera de él. Sócrates no limitó su conocimiento a sí mismo cuando descubrió la naturaleza de la verdad; se opuso fuertemente a las creencias erróneas de los griegos pues estaba seguro de que esos dogmas nunca lo llevarían al camino de la verdad o la felicidad. En ese proceso lo obligaron a beber cicuta. Juana de Arco dedicó su corta vida a conseguir libertad para los franceses. Gandhi sacrificó su vida por sus compatriotas, ya que los amaba independientemente de su rango social, color o credo. Toda esta gente alcanzó un dominio en su mayoría desconocido para el hombre común; ellos nunca desearon su felicidad personal, lo que pensaban y sobre lo que actuaban era por el bien de todos. Fue un camino único que siguieron e indudablemente les dio la felicidad continua.

Sin embargo la mayoría de la gente no sigue el camino que escogieron Cristo, Gandhi o Martin Luther. Con frecuencia la gente vive con miedos infundados y dudas y alberga resentimiento y sentimientos de culpa sin alguna razón real. Como resultado se crean obstáculos en su camino hacia la felicidad. La gente se vuelve envidiosa sin tener motivos y comienzan a preocuparse por cosas que tal vez nunca ocurrirán. Tales pensamientos indeseables actúan como obstáculos en nuestro camino y no permiten que la gente alcance ni la periferia de la felicidad. Como la gente se vuelve extremadamente egoísta, se satisfacen con nociones que los arrastran hacia los beneficios personales. Como esto es interminable, la mayoría de la gente pierde aún esos momentos ocasionales de alegría que podrían proporcionarles destellos de felicidad.

El verdadero camino para conseguir la felicidad

¿Hay en realidad un camino simple para sostener una felicidad continua? Tal vez puede haber alguna forma para ello o tal vez no la haya. Necesitamos pensar en esa dirección y tratar de descubrir la posibilidad de seguir un camino que podría ayudarnos a conseguir la felicidad durante la mayor parte de nuestra vida.

¿Cómo contenerse de los pensamientos que restringen la visión de uno?, sería una tarea laboriosa. Pero no es imposible. Uno puede hacerlo si cultiva ciertos hábitos o inclusive cambia el patrón del pensamiento; la correcta claridad mental puede no sólo traer un gran cambio en nuestros patrones de pensamiento sino que también nos ayuda a practicar cosas que son extremadamente útiles para nosotros; si cambiamos nuestra forma parcial de ver las cosas, si trascendemos hacia el plano de amor para otros, si cultivamos el perdón, si practicamos la meditación y oramos íntimamente, tal vez podamos cambiarnos del todo. También puede ser el camino verdadero para mantener la felicidad por siempre. Entonces la felicidad puede ser una realidad.

Los siguientes capítulos contienen ideas que pueden proveer algún tipo de solución a los problemas que parecen grandes e imposibles. Los temas como "Quitando los obstáculos del camino", "El perdón trae gran éxtasis", "Momentos intensos de alegría", "Cuando el amor trasciende", "Los pequeños sacrificios también traen alegrías sin final", "¿La meditación y las oraciones son significativas?", "¿La felicidad es un mito?" pueden no solamente comprobar lo ilustrativo sino que también podrán ser entretenidos. Mientras explica varios aspectos de la felicidad, el autor revela estos temas con la ayuda de ejemplos reales para hacer las cosas lúcidas y aceptables. En muchas ocasiones se han citado episodios reales de las vidas de las personas para permitir al lector comprender correctamente el punto de vista del autor.

El autor cree que si el lector lleva a cabo lo que dice el libro con una mente imparcial y corazón abierto, sus humildes esfuerzos para explicar los variados aspectos de la felicidad se pueden apreciar. El procedimiento sugerido por el autor es muy simple de seguir, dado que el lector lo termina con una perspectiva imparcial de un curioso que no se involucra y emite el veredicto superficialmente.

◆●◆

Dos

Quitando los obstáculos del camino

Hay gente que siempre siente que hay algo malo con ellos. Cada día al despertar viven con complejos de dudas, confusión y con un tipo de sentimiento que los hace creer que algo malo les va a pasar. La verdad es que esas cadenas mentales no existen en realidad, pero aun así parecen reales para algunas personas. Yo considero que es muy impráctico conseguir un pequeño fragmento de felicidad sin quitar estas trabas mentales. El estado de felicidad es el estado mental en que se está completamente libre de cualquier tipo de tensión, complejo o impedimento. Por lo tanto, es fundamental quitar estos complejos u obstáculos de la mente para conseguir la felicidad perfecta.

Un buen ejemplo de la vida diaria resaltará el significado de un obstáculo común. ¿Por qué la mayoría de la gente quiere que la compadezcan? Eso no es muy común para nosotros, pero a un buen número de gente siempre le gustará obtener la compasión de otros. Si le preguntas a alguien ¿cómo te va hoy? Su respuesta normal sería "Ah, no me va bien", o "ayer estaba tan mal", etc. Nunca le gustará decir "estoy muy bien". Si intentamos saber qué es lo que pasa con esa persona, patéticamente responderá: "no sé exactamente qué me pasa pero hay algo malo hoy".

Aunque estas barreras mentales no existen en realidad, nos molestan tremendamente. Sin embargo, se deben tratar firmemente si deseamos vivir felices. El Dr. Norman Vincent Peale cree que hay cuatro complejos mentales importantes. Ya sea uno u otro siempre están proyectando su sombra sobre la gente aferrada a sus problemas. Los cuatro problemas mentales que indica el Dr. Peale son la inseguridad en sí mismo, el resentimiento, la culpa y la preocupación. Yo incluyo uno más a la lista del Dr. Peale; la envidia. La gente con frecuencia alberga algún tipo de envidia contra otros sin ningún motivo. Alimentan la envidia aun sin conocer a aquellos contra quien la sienten. Es un tipo de problema mental que siempre mantiene a la gente alerta en el pensamiento contra otros. Es una gran barrera contra la felicidad humana. Discutamos cada uno por separado.

Inseguridad

La gente con frecuencia sufre de algún tipo de sentimiento en el que tienen problemas que no pueden resolver. Nunca pensarían que son muy capaces de solucionar sus problemas. Uno de los pensadores líderes, Emerson, dijo: "Un hombre es lo que piensa todo el día". Si piensa en el éxito, creará circunstancias o el ambiente en el que el éxito sea probable. Por el contrario, si alguien piensa en el fracaso, prepara el escenario para él. Conozco a un amigo que con frecuencia cree que se siente mal. Cuando pregunté ¿qué tipo de enfermedad tienes? Me dijo que sufría de muchos tipos de problemas, que incluía presión alta, indigestión, fiebre ligera, etc. Le pregunté si ya había consultado a algún doctor y me contestó que no porque estaba seguro de que todo eso era verdad, por lo tanto decidió descansar todo el día. Después de mucha insistencia pude llevarlo al doctor, quien después de examinarlo declaró que el amigo no tenía ni fiebre ni presión alta. Por supuesto que tenía algo de indigestión que se podía curar fácilmente dando caminatas vigorizantes, comiendo menos y tomando más agua.

La inseguridad hace a la gente temerosa de enfrentar sus problemas. El hecho es, cuando un hombre enfrenta sus problemas, con frecuencia sus dificultades no lo resisten. Aquellos que creen que algo está mal con ellos o algo malo va a pasarles están invitando a los problemas que no existen para nada. Un individuo, como medida de defensa, crea en ocasiones inseguridades también. Recuerdo a uno de mis profesores colegas que se sentía inseguro a causa de varias cosas. A menudo creía que tenía un problema cardiaco y por lo mismo no quería presionarse más y no le gustaba ver a la gente. Más tarde supimos que ese profesor tenía miedo de otro profesor, una dama, que era más vocal, lingüísticamente agresiva, activa y atractiva y le gustaba a un buen número de estudiantes. Como consecuencia, el otro profesor se sintió deprimido. Desde ahí, él adoptó un particular tipo de medida de defensa. Este maestro supuestamente enfermo del corazón vivió hasta los 78 años y murió de muerte natural y no de un ataque cardiaco.

El Dr. Peale reporta que una vez que estaba leyendo algunos escritos de Winston Churchill, se topó con la descripción de un general llamado Tudor, quien era responsable de mantener un sector británico del frente de batalla contra el ataque furioso del ejército alemán durante la Primera Guerra Mundial. Churchill escribió que su impresión de Tudor era "un clavo de hierro amartillado en el piso congelado, inamovible". ¡Qué imagen! Un clavo de hierro amartillado en el piso congelado. Como soldado, Tudor no tenía desconfianza alguna. La armada alemana se hizo pedazos contra él en vano.

Leí acerca de la vida de Winston Churchill cuando me graduaba del colegio. Churchill solía tartamudear aún cuando llevaba el Ministerio de Guerra en la oficina de Londres. Estaba tan determinado a quitar el impedimento de su discurso que constantemente le dictaba a su secretaria. Con mucha paciencia, confianza y práctica gradual, un día pudo vencer su tartamudez. De hecho, es más o menos la confianza en uno mismo lo que puede salvar la mente con problemas de gente que se satisface con el sentimiento de que "algo malo hay en ellos".

Tal vez la forma de olvidar los problemas de uno sería ayudar a alguien a resolver los suyos. Otra forma de ayudar a desviar la atención de tales pensamientos confusos podría ser recordar ejemplos de la religión. Podemos recordar los mejores ejemplos de la Biblia y del Bhagavad Gita. Una llamada muy fuerte al valor en Joshua 1:9: "Mira que te mando que te esfuerces y seas valiente: no temas ni desmayes, porque Jehová tu Dios será contigo a donde quiera que fueres". O si uno recuerda las palabras de apertura del Salmo 27: "El Señor es mi luz y mi salvación ¿a quién temeré?". Un ejemplo similar de ***Bhagavad Gita*** puede aclarar la idea de manera muy lúcida. Cuando Arjuna vio a los caballeros formados en hileras, listos para pelear, no sólo se sintió triste sino también confundido. En ese estado de confusión le habla a Krishna: "Oh Krishna, estos mis tres caballeros reunidos aquí emocionados para pelear, "mi cuerpo tiembla, mi boca está reseca, mis miembros flaquean, mis cabellos se erizan" (Cap. I. Vers.28-29).

Al darse cuenta de la mente confundida de Arjuna, Krishna le dice:

कुतस्त्वा कश्मलमिदं विषमे समुपस्थितम्।
अनार्यजुष्टमस्वर्ग्यमकीर्तिकरमर्जुन ॥२॥

¿En tal crisis, cuando te encuentras contigo, Oh Arjuna, este abatimiento sobre ti, como un ario indignante y contrario a la conquista del cielo?

Continúa...

क्लैब्यं मा स्म गमः पार्थ नैतत्त्वय्युपपद्यते।
क्षुद्रं हृदयदौर्बल्यं त्यक्त्वोत्तिष्ठ परन्तप ॥३॥

No se ha brindado a la virilidad, ¡Oh hijo de Pritha! Yo no me convierto en ti. Deshazte de esta falta de entusiasmo y

levántate, oh, que provocas a tus enemigos (Cap. II Vers. – 3).

No puede haber mejores ejemplos de los libros sagrados que los que se acaban de citar. Cuando nos debilitamos por la razón que sea, lo mejor es mantener nuestra mente lejos de los pensamientos que hagan decaer nuestro espíritu. Recomiendo a la gente que se debilita a causa de la confusión, a recordar esos ejemplos de los libros religiosos y traerlos a su mente. Lenta y seguramente los problemas se hundirán en ciertas regiones de la mente y los liberarán de ese estado de confusión; es la mejor forma de expulsar al demonio de la desconfianza. Cambiar los patrones del pensamiento es una de las cosas más difíciles en la vida, pero seguramente se puede hacer con práctica constante y fe en Dios.

Resentimiento

Otro problema mental es el resentimiento que la gente expresa con frecuencia hacia otros. Constantemente, un gran número de personas creen que sus problemas son el resultado de algún tipo de defecto de alguien más y con frecuencia niegan cualquier sentimiento de mala voluntad; es el otro quien dijo malas palabras o hizo algo detestable. Cuando se expresan así, su ira reprimida a menudo se intensifica detrás de cada palabra.

Algunas personas a menudo expresan mala voluntad de forma recurrente hacia otros sin que se involucren en algún tipo de acto malintencionado contra ellos mismos. Aun si han fallado a causa de sus propios errores o ineptitud, comienzan a creer que la falla ocurrió a causa del otro. En esta ocasión recuerdo un incidente que ocurrió cuando era muy joven. Uno de mis compañeros de clase, quien reprobó dos veces en la misma materia, culpó a otros de su fracaso. A veces culpaba a su hermano o hermana menor por molestarlo tanto mientras estudiaba o hasta culpaba a su madre por no despertarlo a tiempo en la mañana. Con frecuencia dos vecinos discutían cuando sus hijos peleaban por cosas sin importancia. Después de un corto tiempo, los niños se hicieron amigos de nuevo, pero los vecinos permanecieron separados por mucho tiempo, creyendo que el problema había empezado a causa del hijo del otro. ¡Con qué frecuencia la gente se involucra en grandes pleitos por malinterpretar la situación correcta! Es un hecho conocido de nuestra vida; pasa muy seguido con aquellos cuyo ego está inflado y quien espera demasiado de los demás.

Hace unos años, la familia del dueño de una pequeña industria vivía en frente de nuestra casa. El hombre y su esposa estaban a principio de sus cuarentas. Con frecuencia la mujer empezaba a gritar y culpar a su esposo por las razones que estaban más allá de su control. Como se instalaron nuevas máquinas en la fábrica, él tenía que estar ahí mucho tiempo y trabajar muy duro. Como consecuencia, él no podía pasar mucho tiempo con su demandante esposa. Sin entender sus dificultades ella lo culpaba por no tener un carro grande o por no llevarla de compras; lo culpaba hasta porque fallaban los sirvientes al realizar ciertos deberes; ella pensaba que los sirvientes no hacían su mejor esfuerzo porque su esposo no tenía suficientes agallas para controlarlos apropiadamente. Ella era una persona muy educada y su padre tenía un alto puesto en el departamento de defensa, pero su educación y la posición de su padre la hicieron creer que era una persona extraordinaria. Si hubiera intentado entender las circunstancias de su propia familia sin comparar las cosas con las de su padre, tal vez nunca hubiera culpado a otros por las razones más allá de su control. Sucede que un hombre que progresa en su nuevo negocio puede dedicarle más tiempo a su trabajo. Puede en ocasiones que eso sea una falla, pero si ambos son comprensivos de las circunstancias del otro, la paz estará en la casa por mucho tiempo.

¿Cómo puede esperar uno cualquier tipo de felicidad sin mantener la paz en la familia? Muchas noches sin dormir se volverían una celebración con la correcta comprensión y el respeto mutuo. La intolerancia traería simplemente infelicidad y conflictos en nuestra vida.

Los desacuerdos a menudo se pueden convertir en amor entrañable y felicidad con la comprensión correcta y pequeños sacrificios de parte del otro.

La única respuesta permanente al resentimiento es el perdón y la comprensión correctas de las circunstancias del otro, pero en ocasiones lleva tiempo perdonar a otros, ya que en realidad no intentamos saber por qué ha actuado de forma tan indiferente. Además, un acto de perdón implica olvidar las heridas propias. Se necesita coraje y amabilidad para olvidar los daños propios, se necesita tiempo para hacerlo y la mayoría de la gente no lo tiene. Por lo tanto, el resentimiento persiste en nuestra vida. Si queremos satisfacción, paz y felicidad, debemos practicar el perdón. Es la respuesta correcta para desechar el resentimiento de nuestra vida.

Culpa

El sentimiento de culpa es una cadena mental muy fuerte. Cualquier persona que la albergue nunca podrá conseguir paz hasta que quite la causa que crea el sentimiento de culpa. Los sentimientos de culpa reprimidos no solamente se apagan; permanecen ahí y atormentan a la persona que los tiene. El sentimiento de culpa continuo puede ser un veneno mortal. En este contexto recuerdo dos ejemplos en los que la gente contuvo esos sentimientos por años a pesar de que intentaron compensar la pérdida que tuvieron con otra.

Uno de mis amigos de Sri Lanka, quien trabajó conmigo en la misma universidad en África occidental, mató accidentalmente a una niña de diez años en un accidente automovilístico. Aunque pagó una importante suma de dinero a los padres de la niña, no pudo olvidar que la mató. Durante mi estancia de doce años en la misma ciudad lo encontré muchas veces y en esas veces nunca hablamos, él expresaba su remordimiento y culpa por lo sucedido. De forma similar, otro hombre, en una gran ciudad en Rajasthan, mató a un hombre y lastimó a otros dos mientras aprendía a manejar. Yo lo conocí en una cena casi dos años después del incidente. Con pena y malos sentimientos abundantes semejantes al remordimiento y culpa, me narró el accidente; estaba tan triste mientras reveló toda la historia que aunque había pagado mucho dinero a la familia del hombre muerto, aún tenía los sentimientos de culpa.

Si hay alguna forma de extinguir el sentimiento quemante de culpa, es lamentar el incidente y resolverlo para no repetirlo. Uno debe corregir si es posible y buscar el perdón de la persona a la que se hizo mal

– y olvidarlo. Si se hace esto, la herida en la mente puede sanar y el sentimiento de culpa puede desaparecer.

Preocupación

La preocupación es el problema más común con la gente, es una delgada corriente de miedo que constantemente pasa por la mente. De hecho es miedo que con frecuencia ocasiona preocupación en nuestra mente. Uno de los distinguidos filósofos de India, Jiddu Krishnamurti, analiza hermosamente la causa de la preocupación; sostiene que es la mente la que crea el miedo. El pensamiento involucra a las palabras. Uno no puede pensar sin palabras, sin símbolos, sin imágenes. La mayoría del tiempo estas imágenes son ocasionadas por los prejuicios, por el conocimiento previo y las aprehensiones de la mente. Cuando estas aprehensiones se proyectan por el hecho, el miedo surge de ello y normalmente causa preocupación.

Krishnamurti sostiene que la libertad del miedo puede tener lugar cuando la mente es capaz de mirar al hecho sin traducirlo, sin darle un nombre o etiqueta. Es muy difícil, pues los sentimientos, las reacciones, las ansiedades que uno tiene son identificadas de inmediato por la mente y le dan una palabra. El sentimiento de envidia es identificado por una palabra. ¿Es posible no identificar un sentimiento y no verlo sin nombrarlo? Déjenme explicarlo con ayuda de un ejemplo.

Supongamos que una familia tiene sólo un hijo; mientras está en sus primeros años de adolescente, los padres siguen preocupándose por él constantemente. Tanto la madre como el padre albergarían diferentes tipos de ansiedades. La madre seguiría preocupándose por su salud y el padre por su conducta y estudios. ¿Cómo pueden disfrutar verlo crecer desde la niñez a la madurez cuando se siguen preocupando demasiado por cosas que nunca pasarían? Si llega tarde de la escuela, la madre comenzará a pensar que ha tenido un accidente. El padre se preocupará por asuntos relacionados a sus amigos y compañías. Es bueno ser precavido, pero tal vez no es aconsejable pensar en cosas que tal vez nunca ocurran.

Hay gente que cree en la existencia de fantasmas, le temen a la oscuridad y para algunos la oscuridad puede ser un símbolo de fantasmas y por consecuencia origina miedo en su mente. Pero aquellos que no creen en los fenómenos, nunca ven ningún fantasma en la oscuridad.

De ese modo, la preocupación y el miedo con mucha frecuencia van de la mano. En donde hay preocupación, en gran parte, hay miedo también. ¿Es posible no identificar un sentimiento (como el miedo a los fantasmas) sin que tenga nombre? Krishnamurti sostiene que es "el nombre del sentimiento lo que le da continuidad, lo que le da fuerza. En el momento en el que se le da nombre eso que llaman miedo, se refuerza; pero si se puede ver ese sentimiento sin calificarlo, se verá cómo se desvanece". Así que si se quiere ser completamente libre del miedo, es esencial entender todo el proceso de calificar, de nombrar imágenes y proyectar símbolos. Puede ser libertad del miedo solamente cuando hay conocimiento de sí mismo. Ese es el conocimiento del conocimiento real. Es el comienzo también de la felicidad real.

La verdad acerca de la preocupación es que la mayoría de los miedos por ella son infundados. Docenas de personas se preocupan cada día por su salud, pero con frecuencia no pasa nada con ellos. La vasta mayoría de las tragedias temidas tal vez nunca ocurran. Además, el sólo preocuparse por ellas no hace nada para prevenirlas, al contrario, la preocupación constante fácilmente llevará a un individuo ausente y con mal humor. Eso puede llevarle a otros problemas, como accidentes, peleas y en consecuencia, falta de paz e infelicidad.

Además de quitar el miedo de la mente, otro remedio para la preocupación excesiva es una clara comprensión de cuánto daño físico y emocional se puede hacer. Un doctor llamado Charles Mayo dijo; "la preocupación afecta la circulación, el corazón, las glándulas y todo el sistema nervioso. Nunca he conocido a un hombre que haya muerto por agotamiento, pero muchos han muerto por dudar".

También hay otro remedio para quitar la preocupación de la mente; es distraerse deliberadamente. Jueguen un juego, den un paseo o vean una película, visiten a un amigo, trabajen en el jardín, hagan cualquier cosa para reflexionar. Si se cambian las opciones, por lo general se cambia el ánimo. Durante mi larga estadía en África, observé que al visitar amigos en momentos de tristeza, mis preocupaciones disminuían y cambiaban mi estado de ánimo.

Tal vez el remedio más grande para cada tipo de preocupación es creer en Dios. Creer que Él existe, que Él nos cuida y que Él siempre está dispuesto a ayudar, nos hará más fuertes y por consecuencia nos ayudará a olvidar la causa de la preocupación. Confíen en Dios y vivan cada día. La vida no puede estar totalmente libre de problemas. Si conocemos este hecho, podemos dejar de coleccionar o albergar preocupaciones.

Envidia

La envidia es otro obstáculo en nuestra vida. La gente en su mayoría se vuelve celosa de otros porque sufren de complejos. La envidia son "celos" y quien los alberga seguirá así siempre y nunca podrá vivir en paz. Si no hay paz, no puede haber felicidad. ¡Con qué frecuencia un hombre que vive con escasez comienza a ponerse celoso de su vecino, quien tiene buenos medios para vivir! Es de hecho un tipo de bajo perfil que se exhibe por medio de la envidia.

La mayoría de la gente que ha fracasado en algo, comienza a compararse con aquellos que han prosperado en la vida. La comparación lleva a justificar la propia debilidad contra los puntos fuertes del carácter en otros. Como consecuencia, surge la envidia. Se puede explicar fácilmente con ayuda de ejemplos.

Mientras estuve en África tuve la amplia oportunidad de conocer diferentes tipos de nacionalidades. Fue una experiencia penosa que gente de mi propio país, que recientemente había ido a trabajar allá, sufría de complejos; a menudo empezaban a compararse con aquellos que habían ido ahí mucho antes que ellos. Aquellos que habían ido anteriormente tenían todo tipo de riquezas. Tuvieron un buen balance bancario, manejaban carros costosos equipados con aire acondicionado y con casi todo tipo de comodidad que los nuevos migrantes no tenían. Esta situación no sólo creó un sentimiento de decepción entre ellos, sino envidia también contra la gente que pertenecía a su mismo país. Tal vez la paciencia y el coraje de trabajar más duro habría solucionado su problema. Aquellos que estaban pensativos podrían vencer su sentimiento de envidia pronto, pero aquellos que eran fanfarrones continuaron con sus complejos y como consecuencia se metieron en varios tipos de problemas.

Las personas sufren de envidia por varias razones; un buen trabajo, una buena casa, un físico atractivo y saludable, riquezas y hasta excelencia académica por parte de otros; lo que puede ayudar a crear envidia en la gente que no tiene esas cosas. Para evitar el sentimiento de envidia, uno tiene que tener paciencia y una actitud de no comparación. J. Krishnamurti sostiene que tres cosas –comparación, condena e identificación–; siempre nos llevan a un estado mental trastornado. Cuando nuestra mente está distraída por las constantes comparaciones y condenas, es muy normal que el sentimiento de envidia permanezca con nosotros persistentemente. ¿Cómo puede uno tener alguna paz mental con pensamientos perturbadores llenos de envidia? Por lo tanto es imprescindible desechar las ideas que gradualmente llevan nuestra mente hacia la envidia o complejos de inferioridad. ¿Qué tanto importa que alguien tenga más dinero que yo? No hace ninguna diferencia si alguien es más atractivo que yo. Nadie puede cambiar los factores biológicos que constituyen nuestro físico. Por lo tanto, una mirada fría a las cosas que alteran nuestra mente nos ayudaría a resolver nuestros problemas y darnos más consuelo y confort.

Tal vez no puede haber una mejor solución a nuestro problema de envidia que lo que está contenido en el Gita y dice:

कर्मण्येवाधिकारस्ते मा फलेषु कदाचन।
मा कर्मफलहेतुर्भूर्मा ते संगोऽस्त्वकर्मणि ॥ ४७॥

Tu derecho es sólo trabajar, pero nunca para los frutos de ello. Sé no el productor de las frutas de (tus) acciones; ni que tus vínculos vayan hacia la inacción (Cap. II Versículo 47).

¿Por qué debería uno involucrarse en pensar que el otro tiene más que yo y así construir malos pensamientos en nuestra mente? El deber de cada quien es actuar y no preocuparnos por los frutos de ese acto. Si uno mantiene un punto de vista imparcial en la vida, sería fácil olvidar la envidia o esos malos pensamientos. Seguramente hay problemas en la vida y nadie está libre de ellos; el mundo siempre continuará estando ocupado por ellos. ¿Por qué debemos quejarnos o perder la esperanza a causa de esos problemas que con certeza estarán ahí tanto nos gusten o no? Siempre hay algún tipo de reto en la vida, eso es la vida, ahí es en donde están el triunfo más grande y la satisfacción.

Por lo tanto, quitemos la desconfianza en uno mismo, el resentimiento, la culpa, la preocupación y la envidia. Si podemos hacerlo, es muy posible que reemplacemos todas esas barreras mentales con fuerza y alegría sin final.

La gente que vive con duda y confusión están condenados a sufrir miopía. Los fanáticos religiosos son el mejor ejemplo de ese tipo. El fanatismo de cualquier tipo hace que uno se excluya a sí mismo del amplio panorama de la visión clara. Como resultado transporta a la mente lejos de la libertad. Un individuo cuya visión es borrosa y cuyo pensamiento está condicionado, es probable que sufra problemas emocionales. El amor no implica estrechez del corazón, en su lugar implica un amplio espectro de la visión y un corazón compasivo incondicional con perdón y completa comprensión. Sólo ese amor es capaz de ofrecer felicidad verdadera desprovista de condicionamientos religiosos, culturales y lingüísticos. Las barreras mentales son buenos vigilantes de la confusión y el trastorno. ¿Cómo puede buscar un individuo la felicidad verdadera cuando está rodeado de trampas? La mente siempre necesita respirar de nuevo para que pueda ver con claridad. De esta forma la libertad de la mente y la felicidad van de la mano. Cuando la mente está condicionada por las trampas se puede disfrutar el presente mas no el futuro.

Cuando nos referimos a fanáticos religiosos, no nos referimos a Cristo, al gurú Nanak o a Ramkrishna Paramhansa. Su creencia en Dios no tenía límites. Al respecto nunca sufrieron con la duda. Al mismo tiempo amaban a la humanidad tan profunda y apasionadamente que sus ejemplos no tenían comparación. Nunca tuvieron ningún tipo de sentimientos de envidia, resentimiento o culpa hacia la gente, lo que los hizo inmensamente dichosos, pues ya que no sufrieron de complejos en su mente.

◆●◆

Tres

Los sacrificios traen alegría sin final

Vale la pena vivir la vida a pesar de las grandes dificultades que uno tiene que encontrar cada día. Tal vez si no hubiera dificultades en la vida nadie hubiera podido disfrutarla bien.

Hay gente que no piensa más allá de sus propios intereses. También hay gente que siempre considera los interesas de los demás antes que los suyos. Hay muchos tipos de gente, altos, pequeños, avaros, generosos, valientes y cobardes, sociables e insociables. El mundo entero está lleno de todo tipo de gente, pero si echamos un vistazo, por lo general vemos que la mayoría de la gente tiende a ver por ellos mismos; piensan principalmente en su propio amor, sus propios hijos, sus propias casas y sus propias cosas – y eso es todo.

Pero la vida es más que eso; si toda la gente fuera egoísta, la historia de la humanidad hubiera sido muy diferente. Entonces los granjeros habrían cultivado sólo lo que hubiera sido suficiente para sus familias. Los soldados no habrían peleado por su país, los doctores habrían tratado sólo a su familia; los maestros no habrían educado a otros y sobre todo, los padres no habrían cuidado a sus hijos.

Los seres humanos han reunido ejemplos de la naturaleza y aprendido a ser generosos. Los ríos fluyen sólo para el beneficio de la humanidad. Las flores se abren para dar su fragancia y dar un sentido de belleza. Las colinas no están ahí sólo para tener una actitud altiva, sino para decir a los humanos que la gente con alto rango puede ayudar mejor a otros. Los riachuelos fluyen suavemente y los pájaros trinan para crear un sonido musical. La brisa de la mañana trae noticias de alegría. Todos estos regalos naturales traen diferentes tipos de mensajes a los seres humanos, pero un mensaje es común a todo. La naturaleza nunca es egoísta, siempre está lista para dar todo tipo de ayuda a los humanos si tienen la percepción correcta y el valor para recibirla.

Episodios legendarios

Hay numerosos ejemplos de leyendas que nos dicen cómo los individuos ponen su vida en gran peligro y malestar y a cambio dieron felicidad y todo lo que otros requerían. Sri Ram aceptó su exilio por catorce años y sacrificó sus privilegios reales sólo para complacer a su madrastra y salvar la promesa de su padre que le había hecho a su tercera esposa. El hermano más joven de Ram, Lashman, por voluntad propia lo acompañó a los bosques para servirlo durante su exilio.

Sócrates sacrificó su valiosa vida para decir a la gente que hay sólo un Dios y no cientos y miles de Dioses. Su preocupación básica era hacer que los griegos entendieran que lo que creían comúnmente en relación a religión y a Dios no era verdad. La vida entera de Cristo es un gran ejemplo del sacrificio humano y del sufrimiento; él extinguió la vela de su vida a la edad de treinta y dos años para redimir a la gente de sus pecados.

Gautama Buda dejó el apoyo real para descubrir la forma de alcanzar el Nirvana. Pasó su vida entera a instruir a los seres humanos. Finalmente descubrió que ahí podría ser el final de todos los sufrimientos si la gente siguiera un simple procedimiento llamado el "noble óctuple sendero" o "noble camino óctuple". Todos estos sacrificios y muchos otros acerca de los cuales las leyendas dicen, han sido hechos por los grandes seres humanos, quienes deliberadamente sufrieron por otros. Ellos dedicaron su vida a dar esperanza y alegría a otros.

Además de las historias anteriores, hay otras historias de gente que ha mostrado extraordinario valor para salvar la vida de otros y la religión. La mayoría de los gurús del sijismo fueron extremadamente intrépidos y nunca se preocuparon por su propia vida. Si surgía la necesidad, no dudaban en sacrificar también a sus hijos. Hay un gran número de gente además de Gandhi, que por propia voluntad dejaron su vida para conseguir la libertad de India. Tales ejemplos son interminables y la lista de nombres de gente que entregaron su vida por el bien de su país, nunca se terminará.

Obviamente no hay nada tan invaluable como la vida propia pero si alguien elige poner su vida en peligro por el bien de otros, debe haber ciertas razones estimulantes para ello. Tal vez los seres humanos renuncian a su vida para alcanzar mayor felicidad, o ¿hay alguna otra razón para hacerlo? Descubramos entonces la respuesta a esta pregunta imprescindible; ¿por qué la gente pone en peligro su vida por el bien de otros?

El motivo detrás

Ocurrió un pequeño incidente cuando Pt Nehru se convirtió en el primer Primer Ministro de la India. Aquellos eran los primeros años de libertad y autonomía. Una buena mañana cuando Pt Nehru desayunaba, su policía secreta le informó que habían surgido disturbios indo-musulmanes en Chandni Chowk (un mercado cerca de la vieja estación de trenes). Las noticias casi le provocaron el desmayo, por lo que de inmediato dejó de desayunar, tomó un pequeño bastón y se apresuró a la escena de los disturbios sin ninguna protección policiaca. Cuando llegó al lugar, bajó de su coche de prisa y comenzó a golpear a la gente con su bastón. Después de un rato, la gente involucrada en el disturbio observó que el muy querido Primer Ministro los estaba golpeando; no sólo dejaron de pelear sino que comenzaron a saludarlo en voz alta diciendo: "Pt Nehru Zindabad", lo que simplemente significaba "Larga vida para Pt Nehru". La gente que tiene un fuerte deseo de ayudar a otros, tiende a hacer a un lado todo tipo de miedo. Nehru, cuando se apresuró al lugar del disturbio, no pensó en ningún tipo de miedo. No creyó que alguien pudiera matarlo también; fue su preocupación por la gente lo que lo hizo apresurarse al lugar, olvidando el peligro inminente para su propia vida.

Fue durante los años sesenta cuando Mahaveer Tyagi se convirtió en Ministro de Defensa de la India. Durante una de sus visitas a los campos del National Cadet Corps, narró una inusual historia de sacrificio humano. La repito en una palabra:

"Fue durante la Segunda Guerra Mundial que un espía japonés fue atrapado por las tropas japonesas mientras estaba muy ocupado con actividades antinacionales. Se involucró al pasar secretos altamente confidenciales a los aliados. Después de un corto encarcelamiento, lo condenaron a muerte de una manera inusual; metido hasta la cintura en un hoyo que cavaron a mitad de un mercado. El espía fue puesto en el hoyo y rociaron comida para perros sobre él. Más tarde soltaron a algunos perros para que se lo comieran. El espía tuvo una muerte terrible. Esta noticia se transmitió por radio para que los aliados supieran de su muerte. Hubo mucha alegría entre los aliados, pues el espía les había pasado demasiados secretos confidenciales antes de morir, pero gradualmente descubrieron que los secretos altamente confidenciales que el espía les había revelado, eran falsos. El espía era un devoto real a su país, él dio su vida justo para engañar a los aliados".

El espía que se comieron los perros tuvo sólo un motivo en su mente; primero su país y luego lo demás.

La vida de Abraham Lincoln también es incomparable en muchos aspectos. No sólo fue de verdad un nacionalista, amaba profundamente a sus compatriotas, no importaba si eran blancos o negros. La gente que encarna con extraordinaria visión y convicción, no permite que cosas insignificantes influyan en su mente. Trascienden las malas circunstancias creadas por otros y permanecen al margen de la gente ordinaria. A Lincoln lo asesinaron porque unas cuantas personas inconscientes lo consideraron traidor y corrupto. Pensaban que vivía solamente para los negros, pero él era realmente un humano, quien mejor podía abogar por los oprimidos y los negros pues entendía sus crudas circunstancias muy vivamente. Su sacrificio seguramente abrió nuevas vistas para la vida de los negros. ¿No fue en verdad una persona muy compasiva que nunca pudo soportar la visión de un negro sufriendo? En ese aspecto el sacrificio de su vida también fue dirigido al amor por la gente.

El ejemplo de Mahatma Gandhi es igualmente incomparable en lo que respecta a sus sacrificios. Cuando Gandhi experimentó la discriminación en Sudáfrica contra él por los británicos, se decidió a pelear contra ella y como consecuencia, la idea de la libertad de la India vino a su mente. Millones de hombres y mujeres lideraron vidas subhumanas en la India. Mientras Gandhi trabajaba por la causa de la unidad Indo-musulmana, algunos lo consideraron traidor. Un hombre que consideraba que sus ideologías religiosas y sociales fueron creando dificultades para el país, le disparó de muerte. La vida de Gandhi terminó finalmente a causa de su amor por sus compatriotas.

Hasta el momento hemos narrado los casos de la gente que renunció a su vida por el bien de otros. Hay gente que hizo también otro tipo de sacrificios. Ha habido gente que no aprobó las atrocidades de la iglesia contra la gente común. Como resultado, se opusieron firmemente a sus políticas para que la gente se redimiera de la carga de los rituales. Al hacerlo, estos rebeldes pusieron en peligro inminente su reputación y vida para la autoridad de la iglesia que nunca hubiera tolerado a nadie en su contra. En ese respecto vienen a mi mente dos nombres prominentes: Martín Lutero de Alemania y Swami Dayananda de India. Ambos pelearon contra las prácticas corruptas de la religión y trajeron un nuevo rayo de esperanza para los oprimidos.

Martín Lutero se rebeló contra la autoridad de la iglesia en el momento en que las prácticas corruptas estaban marcadamente de moda. Lo que finalmente ofendió a Martín Lutero del catolicismo fue el cada vez más triste estado de la iglesia. En ese tiempo, Karl Adam, un autor alemán reportó que los trabajos eclesiásticos más altos se reservaban para la nobleza. El papado se había vuelto un rico premio que los príncipes italianos peleaban por adquirir para ellos mismos o sus familiares. Entre el bajo clérigo había "mucha brutalidad, alcoholismo, juego, avaricia y superstición". Los sacerdotes demandaban el pago para el uso más mínimo de su oficio sacerdotal. Cobraban por realizar cada ritual. Sobre todo, la práctica más escandalosa era el comercio de indulgencias. La creencia básica detrás de la venta de indulgencias era que Cristo y los santos, por sus sacrificios, habían dejado un tesoro de méritos. La iglesia pudo dispensar esos méritos a los cristianos comunes que durante su vida fueron incapaces de reunir suficientes créditos con Dios y asegurarles la entrada al cielo.

Martín Lutero se opuso a todo eso. La percepción con la que entendió la religión y cultivó la fe, lo llevó a predicar contra el sistema de indulgencia. Los enemigos de Lutero lo acusaron de herejía y de promover el cisma. En un anuncio papal comenzando con "Levántate, Oh Señor, un jabalí ha invadido tu viña", el Papa pidió que Lutero se retractara, pero Lutero respondió que no lo haría hasta que un consejo general lo convenciera de su error. Para no hacer larga la historia, Lutero se opuso a la iglesia hasta que se arreglaran los asuntos. Durante esa batalla, su reputación, vida y honor estuvieron en juego. Peleó tenazmente para dejar que prevaleciera la verdad. Juana de Arco también tuvo valientes intentos para salvar a Francia de los británicos. Aunque pudo reconquistar el territorio francés, tuvo que abandonar su vida por todos los sinceros esfuerzos que hizo para conseguir la libertad para el pueblo francés.

Swami Dayananda, un mendigo con un vestido color azafrán se opuso con vehemencia a la adoración de ídolos y a la indulgencia con los rituales sin sentido. Él creyó que eso nunca podría acercar a los humanos a Dios o a la religión. Cuando los realistas audaces crearon esos movimientos, la mayoría de la gente se opuso. Ya que la gente común está acostumbrada a tales actividades, se convierte en algo más allá de su alcance para percibir las ideas correctas. Como consecuencia, Swami fue atacado dos veces; sobrevivió a esos ataques a causa de correcta fe y fuerte voluntad.

¿Qué es lo que la gente que se opone a la mentira de cualquier tipo obtiene de su batalla? Es en realidad muy difícil de entender lo que hay en su mente y saber cómo se sienten exactamente cuando se sublevan contra las atrocidades o chantajes de la corrupción. Lo que podemos deducir es que ciertamente sus esfuerzos les traen consuelo personal y felicidad. Esa gente que pelea por los derechos de otros puede contarse con los dedos de las manos. La mayoría de la gente quiere cumplir sus intereses personales. Por lo tanto se mantienen inteligentemente quietos cuando se encuentran con gente difícil o situaciones adversas. Este mundo no sería tan fascinante si no hubiera gente como Gautama Buda, Jesucristo y Gandhi. ¿Qué nos hubiera pasado si Martin Luther, Abraham Lincoln, Dayananda, el profeta Mahoma y Gandhi no hubiera sufrido por nosotros? En realidad no sabemos lo que hubiera sido de este mundo sin esas personas, simplemente podemos imaginar que la oscuridad y la miseria hubieran prevalecido y hubiéramos tenido decepciones y muertes incontables en abundancia. Ciertamente fueron personas grandes que pusieron en peligro su vida para adquirir la felicidad interna, lo que sólo raras personas pueden alcanzar.

Pero hay otro tipo de gente también que constantemente sufre por el bien de otros. Sus sacrificios no pueden ignorarse en términos de apoyar la vida y cultivar la felicidad. Examinemos de cerca lo expuesto anteriormente.

Los pequeños sacrificios también traen alegrías sin final

Cuando uno hace un sacrificio, no es necesariamente un sacrificio de su propia vida.

Podría ser de cualquier tipo pero debe ser una actividad que finalmente apoya la vida contra la decadencia y la degeneración. Es un tipo de actividad que está más allá de su propio fin egoísta. Podría llevar a cultivar la felicidad mutua y mantener la confianza también. De hecho construir la confianza es benéfico en un sin fin de formas. Estas actividades se experimentan cada día pero con frecuencia pasan desapercibidas pues la mayoría de la gente se ha acostumbrado a recibir beneficios. De hecho, su percepción es tan baja que no pueden verlas claramente.

Cuando estudiaba en la universidad, no podía permitirme comprar libros de texto. Uno de mis compañeros de clase que conocía bien mi situación financiera fue lo suficientemente amable para prestarme sus libros unos días con el pretexto de que no los necesitaba de inmediato.

Una vez cuando enseñaba en una escuela de gobierno, un estudiante vino a verme con una inusual idea; quería venderme su estufa, pero por un par de meses solamente. Al preguntarle, me reveló que necesitaba dinero para pagar las cuotas para su examen final. Dejándome llevar por su condición, le di el dinero que necesitaba sin comprar la estufa, ya que la necesitaba para cocinar a diario. Con gran titubeo aceptó ese dinero. Olvidé el incidente y pasaron los años y una vez que estaba entretenido sin rumbo en uno de los mercados en Jaipur, en Rajasthan, ese mismo estudiante me encontró por casualidad. Después de ofrecer los respetos usuales que un estudiante generalmente ofrece a un maestro, sacó de su bolsillo la cantidad de dinero que le di en el pasado; la misma cantidad que le había dado que era aproximadamente cuarenta rupias –equivalente a un dólar solamente. Era mucho dinero a principios de los sesentas. Cuando me rehusé a tomarlo, el estudiante narró su lamentable historia de pobreza. Si hubiera tomado la estufa, no hubiera tenido en donde cocinar sus alimentos en ese tiempo. Después de escucharlo sentí una gran alegría –tal vez más grande que cuando le presté el dinero. Los pequeños sacrificios seguramente traen gran éxtasis a ambos, a aquellos que hacen el sacrificio y a los que lo reciben.

Cuando un niño llora a mitad de la noche la mamá se levanta instantáneamente al primer llanto del niño. No sólo le cambia el pañal, sino que lo alimenta e intenta calmarlo. Es un acto de ternura por parte de la madre que no tiene precio. Los niños no sobrevivirían si las madres no los cuidaran. Un buen padre con frecuencia sacrifica sus numerosos privilegios por el bien de sus hijos en crecimiento. Si los niños olvidan sus sacrificios cuando crecen, el padre difícilmente les recordará lo que hizo por ellos. Así es el camino de la vida. La gente buena siempre siente placer y continúa disfrutando la felicidad sin límites por sus actos de benevolencia y sacrificio. A cambio ellos no esperan ningún favor de aquellos por quienes hicieron los sacrificios.

Los ejemplos de Jesucristo, Gautama Buda, Gandhi, Abraham Lincoln, Martín Lutero o hasta el de Pt Nehru, caen bajo la categoría de felicidad impersonal, pues todos ellos actuaron con la fuerza estimulante de dar felicidad a otros. Sus sacrificios son invaluables pues sin importar su propio bienestar, actuaron con coraje. Con frecuencia se involucran en situaciones en las que la gente egoísta nunca se atrevería a entrar. Por lo tanto, los actos desinteresados de amabilidad llevan confort y esperanza a otros. No son actos ordinarios pues seguramente traen buenas nuevas de alegría.

En este momento recuerdo la historia de Jean Valjean, quien toda su vida fue un ladrón y vivió en varias prisiones por casi treinta años.

Jean Valjean, quien una vez intentó robar un pedazo de pan para su hijo hambriento, fue atrapado por el panadero, quien lo llevó a la policía aunque Valjean alegó que sólo intentó robar un pequeño pedazo de pan para su hijo pues no tenía dinero para comprarlo. Nadie escuchó sus peticiones y lo sentenciaron a tres meses de cárcel. Una vez que lo atraparon por un delito sin importancia, se volvió un delincuente habitual. Así, en total había estado en prisión por treinta años cuando tomó lugar el evento principal en su vida.

Después de pagar su última sentencia en la cárcel, cuando Valjean regresaba a casa, se oscureció. El lugar más cercano que pudo conseguir para refugiarse era una iglesia. Se aproximó al sacerdote y le pidió refugio por una noche. El sacerdote era un hombre amable y le ofreció de comer y beber y le sirvió la comida en platos de oro y plata contra el deseo de su hermana que era prudentemente inteligente para concluir que Valjean no era un buen hombre, pues por su atuendo estaba sucio y desaliñado, evidentemente parecía un ladrón. Además, treinta años no es una estadía corta en prisión, pues eso ayudó a dejar marcas oscuras en su alma y al parecer eran visibles en su rostro.

Después de cenar, lo llevaron a un cuarto a descansar; la cama era tan cómoda en comparación a las camas duras a las que estaba acostumbrado en prisión que no pudo dormirse de inmediato. Además el pensamiento de los platos de oro y plata lo asaltaba constantemente y comenzó a planear huir con ellos. Mientras el reloj cercano indicaba que casi era la medianoche, sigilosamente entró a la cámara en donde estaban guardados los platos de oro y plata. Los puso todos en un pequeño pedazo de tela y salió furtivamente del lugar, pero apenas había avanzado una milla cuando dos agentes de policía que estaban en su deber nocturno acostumbrado lo interceptaron y al investigar descubrieron fácilmente que el hombre era un ladrón. Cuando se desató el nudo de la tela, se desconcertaron al ver el oro y la plata. Mientras el amanecer se fue asomando por el nocturno aposento, llegó el momento en que la hermana del sacerdote se despertó; su prudente instinto la llevó primero a checar a Jean Valjean. Cuando no lo encontró en el cuarto, comenzó a gritar fuertemente, mencionando que el ladrón había escapado con el oro y la plata. El sacerdote no era sólo amable sino que también le temía a Dios. Escuchando los gritos de su hermana le pidió que se tranquilizara; la iglesia prohíbe cualquier tipo de tentación, por lo tanto no necesitaban ni el oro ni la plata. Mientras tanto, la policía llevó a Jean Valjean a la iglesia, querían confirmar que el sacerdote le había dado los platos. Temiendo cualquier castigo, Jean Valjean había dicho a la policía que el sacerdote se los había regalado. Cuando la policía llegó a la iglesia, uno de ellos le preguntó educadamente al sacerdote; "señor, este hombre dice que usted le dio todo esto como regalo". El sacerdote pensó por un momento y recordó toda la triste historia de Jean; sonrió con gusto y contestó que así había sido. Por un segundo antes de que el sacerdote hubiera pronunciado una sola palabra, Valjean pensó que ese era el fin de su vida. Al escuchar la respuesta del sacerdote, los policías se fueron de la iglesia dejando libre a Valjean. Instantáneamente Jean Valjean se dejó caer sobre sus pies y se postró ante el sacerdote humildemente; estaba bañado en lágrimas y apenas podía hablar. Después de un rato, cuando se recuperó, habló a sollozos: "Señor, mi pecado es más grande que el más grande pecador porque robé de la casa de Dios en la que me dieron asilo. Su perdón me ha transformado por completo. De ahora en adelante prometo continuar por Dios solamente" y se fue lentamente.

¿Fue un sacrificio por parte del sacerdote o compasión por un convicto que había sufrido a través de su vida a causa de su solo error? ¿O fue un intento real para trascender al reino de la felicidad? Tal vez fue una combinación de todo. Tal vez, ahí hay una respuesta para nuestra pregunta original; "¿qué inspira a alguien a poner en riesgo su vida para hacer sacrificios por otros?" la respuesta sencilla para ello podría basarse en los ejemplos que hemos citado en este capítulo. Cuando alguien hace sacrificios, ciertamente lo lleva a un gran gozo. Un sentimiento similar surge desde los actos intrépidos, especialmente aquellos hechos que se hacen por el bien de la felicidad de otros. ¿Por qué uno se permitiría poner su vida en gran peligro si la cantidad de alegría fuera menor que el valor de su vida? ¡Tal vez así lo pensó Jesucristo! Y también fue la creencia del gran Buda. La felicidad de Abraham Lincoln no conocía límites cuando redimió a los negros del sufrimiento. Martín Lutero debió haber sentido gran alivio en su mente cuando pudo transformar las formas de la opresiva iglesia.

La felicidad de una madre y un padre no es mucho menor cuando actúan por el crecimiento y bienestar de su hijo. Los actos egoístas pueden traer alegría momentánea, pero los actos generosos traen dicha sin fin que no se puede medir, por lo que la alegría es permanente y permanece más allá del tiempo.

◆●◆

Cuatro

Intensos momentos de alegría

Una beatitud repentina

Una fotografía de mi amada esposa está justo en frente de mí sobre una mesa; estábamos cercanos a los treinta años cuando la tomaron; más de cuarenta años han pasado desde entonces, pero la fotografía no revela ningún paso del tiempo como ocurre en el caso del *Retrato de Dorian Gray*; la misma simplicidad, serenidad y el mismo encanto que solía reflejar en su rostro se han mantenido en la fotografía. Los viejos momentos se reviven. Siento como si hablara con ella al instante porque luce tan viva como si hubiera salido de la fotografía y me preguntara con cariño: "¿comiste hoy?", "¿cómo estuvo el día?", etc. Estos pensamientos de repente traen un gran éxtasis a mi mente. Su voz musical tintinea a través de las olas de mis pensamientos. Lentamente me siento en mi silla y continúo viendo su cara; ¡qué placer! Algo extraordinario me está ocurriendo. Creo que esos momentos deben permanecer por siempre porque ofrecen gran alegría. Hay un gran placer al hablar de la amada esposa de alguien cuya memoria está tan vívida y conservada después de treinta años.

Tales experiencias o momentos de intensa felicidad a menudo sirven como el ímpetu de gran alegría. Son realmente tremendos momentos de dicha. En ese aspecto Hardy creó algunos personajes extraordinarios que en ocasiones hablan tan cerca al corazón que es difícil olvidar sus expresiones. Con frecuencia recuerdo a Tess, cuyo matrimonio con Ángel Clare fue una ocasión muy especial –especial porque ella ama demasiado a Angel. En el pasado un seductor la enamoró y abandonó, nunca la amó.

Inmediatamente después de su matrimonio, rentaron una casa en la que Tess prepara la cena para Ángel. Cuando terminan van a lavar sus manos en el lavabo, en donde queda el agua con jabón. Mientras empiezan a lavar sus manos, Ángel sostiene la mano de Tess y entrelaza sus dedos. Luego la mira con ternura y le pregunta cálidamente; "¿cuáles son tus dedos y cuáles son los míos?"; después de una pausa Tess responde cariñosamente: "Todos son tuyos". Aunque es una expresión muy corta, es tan perfecta. Refleja el yo interno de una persona que se ha vuelto una con la otra. Los momentos de amor perfecto son momentos de unidad total. Estos son los momentos en los que uno se sumerge en el otro. Esos son ciertamente los momentos de enorme alegría que difícilmente se experimentaron con anterioridad.

Fue a mediados de los cincuentas cuando mi esposa y yo, después de nuestro matrimonio visitamos Mumbai por primera vez. Con la atención de un amigo pudimos quedarnos en Govind Mahal –un edificio de varios pisos en Marine Drive, la playa más popular de Mumbai. El cuarto que nos dieron estaba a nada de distancia del mar. Se podían oír claramente las olas del mar, lo que con frecuencia me despertaba. El golpeteo era tan melodioso que por horas me iba a escuchar esa música asombrosa. Era realmente magnífico.

Después de un par de días de nuestra estancia en Mumbai, visitamos la playa Juhu, cuya belleza se centraba en las olas gigantescas que venían como grandes rocas desde una distancia larga y repentinamente descendían a punto de llegar a la orilla. Nos sentamos por horas en el mar y veíamos las olas siguiéndose unas a otras. Era un fenómeno tan fascinante de la naturaleza que nada se le puede comparar. Cuántos minutos disueltos en horas y horas en un espacio fenomenal de tiempo. No pudimos siquiera notar cuántas tardes se volvieron sigilosamente en noches. Tres décadas han pasado desde que visitamos esas playas, pero el dulce recuerdo de los momentos que disfrutamos ahí aún están vivos en nuestra mente. Parece que todo pasó apenas –que pasó hace sólo unas horas. Tal es el impacto de los momentos felices; es tan difícil de olvidarlos.

Algunas personas son tan carismáticas que es en verdad muy difícil de olvidar que las conocimos. Uno de mis viejos amigos que fue también mi alumno en ese tiempo, insistió en que debería visitar a Acharya Rajneesh, quien estaba de visita en la ciudad en la que yo vivía en los años sesenta; me negué a verlo, mi creencia era que visitar gurús no era suficiente, pero mi amigo insistió y finalmente cedí y fijamos un día para la reunión. A continuación les narro cómo se llevó a cabo:

El Acharya, sentado relajadamente sobre el piso en una esquina de su cuarto bastante grande, estaba en vuelto en una pieza blanca de tela; le estaba hablando a alguien en voz baja. Tan pronto como mi amigo anunció nuestra llegada, el Acharya se levantó lentamente y me dio la bienvenida. Obviamente, mi amigo ya le había hablado de nuestra visita. Fue una forma tan extraordinaria de darnos la bienvenida que aunque habían pasado los años, no había podido olvidarlo. Absorto con amor y extraordinario afecto, el Acharya pronunció unas cuantas palabras de una manera más que significativa; "Bien venido". Sólo dos palabras pero contundentes, vigorosas y generadoras de vida. El resto de la reunión terminó con una pequeña conversación, pero a través de la plática, el Acharya siguió emitiendo su preocupación consistente, afecto y felicidad. De verdad olvidé por cuánto tiempo estuve con él mientras me envolvía por su sorprendente forma de reunirnos y hablar. Cuando regresé a casa no pude olvidar los momentos que estuve con él pues me dio una gran satisfacción y alegría. Un amigo me narró algo similar cuando se enamoró por primera vez. Siempre que le llamaba por su nombre ella simplemente decía: "sí", pero esa sola respuesta estaba llena con un amor tan intenso que él se sentía inundado en su pasión.

Tales momentos de afecto se experimentan sólo en un hogar amoroso en el que una esposa devota y honesta cuida de la familia. Mientras prepara el desayuno para la familia se apresura a servir el café, té y el jugo de naranja, poner mantequilla o jamón al pan. Los niños están parloteando; el sol se asoma en sus inocentes rostros; su esposo está jugando con el más pequeño y a ratos ayudándole a su esposa a llevar la comida a la mesa. Aunque todo parece tan normal y usual, pero mientras él la observa, ella está agobiada por la idea de cuánto los ama. En silencio los observa desayunar. Esos son sus más preciados momentos; se siente bendecida por la armonía, paz y compasión en esa ocasión y disfruta un intenso placer poco usual que difícilmente experimentan muchas familias.

Tal alegría no está limitada a pocas situaciones; casi todo puede servir como el ímpetu de este tipo de alegría. Puede venir de cosas tan simples como caminar en los bosques, disfrutar de la luz de la luna o viajar en un tren y ver rápidamente el paisaje interminable revelando nuevas vistas. En ocasiones uno puede experimentar amor extraordinario y compasión cuando observa a los niños jugar e involucrarse en pláticas inocentes. Todo lo que puede llenar el corazón con amor y alegría nunca antes experimentado.

En ocasiones me siento como leyendo una "tarjeta de felicitación" que envió alguien que fue muy querido en el pasado. Uno de mis estudiantes con quien perdí contacto por años porque se casó, me envió una tarjeta de cumpleaños muy afectuosa. Decía: "Para mi mejor maestro". Fue una mezcla de gran sorpresa e intensa alegría; la alegría vino del pensamiento de que los buenos alumnos nunca olvidan la preocupación afectiva de su maestro. De igual manera, otra tarjeta que me envió uno de mis hijos decía lo siguiente: "Querido papá, a través de los años me has dado y enseñado mucho, y todo eso vivirá siempre conmigo –un regalo tuyo. A través de los años, todo tu amor y devoción paternal formaron cada etapa y cada cambio que he tenido. A través de los años, has mantenido esta cercanía entre nosotros –sólo quiero que sepas que estaré junto a ti". Fue una idea extremadamente afectiva expresada en palabras por alguien a quien amo de verdad. He guardado la tarjeta en un lugar seguro aun después de quince años. Los buenos pensamientos y las opiniones afectuosas no son sólo invaluables sino son recordatorios constantes de alguien a quien has amado tanto. No podría tirar la tarjeta al terminar el año.

Un regalo de la naturaleza

Si tenemos una clara visión, la naturaleza está llena en sus reservas y siempre proveerá alegría intensa. Hace unos años hice un largo viaje a Kanyakumari vía Kerala, un estado en la parte suroeste de la India. Kanyakumari, una ciudad pequeña, conocida anteriormente como Cape Comorin, es la última punta de la tierra en el lejano sur cerca de Sri Lanka. Kerala se extiende a casi dos mil kilómetros sobre la costa oeste cerca del mar Arábigo. Un par de trenes rápidos van de Kanyakumari a Nueva Delhi vía Kerala.

Me quedé en Kanyakumari un par de días; esta última punta de la tierra está localizada en un punto en el que se unen tres mares. Llegué a la pequeña ciudad alrededor de las cuatro de la mañana. Como no quería perderme la salida del sol, de inmediato busqué un hotel y me apresuré a la costa en la que cientos de personas estaban listas esperando el amanecer. Estaba un poco nublado ese día. Se habían juntado unas cuantas nubes en el cielo y no dejaron que el sol se asomara instantáneamente en su ascenso. Hubo que esperar un rato y cuando eran las siete y media, el sol era visible en el horizonte. Todo parecía ser un raro fenómeno. Se veía tan radiante y tan grande. Se veía aparentemente muy cerca. Era una vista espléndida, impresionante que llenaba los corazones con asombro y emocionante alegría. Por un par de minutos la gente parecía estar hechizada, nadie se movió ni habló. Luego gradualmente comenzaron a hablar, lo que se volvió ruidos más fuertes mezclados con risas y pláticas desenfrenadas. Gradualmente las nubes desaparecieron y el brillo del sol se volvió insoportable. La gente comenzó a irse. Algunos que estaban cerca de los botes listos para zarpar al templo de Vivekananda se quedaron solos.

Impresionado con la escena matutina, llegué a la orilla de la playa por la tarde. El sol ya había descendido hacia el horizonte occidental y parecía impaciente de ahogarse en el mar. Tomé asiento en el Gandhi Memorial y observé el sol descender lentamente. Eran casi las siete cuando alcancé el punto en que se sumergió en el mar. Todo el horizonte era rojizo con su gloria desvaneciente. Las olas del mar parecían estar bebiendo de su resplandor y bailando con regocijo. Fue una escena maravillosa que fascinó mi yo interno. El punto de reunión de los tres océanos –el mar Arábigo, el océano Índico y la Bahía de Bengala, se veían espiritualmente unidos y así parecían sublimes. ¡Qué hermosa vista! Todo parecía maravilloso e embriagador. Me quedé en ese punto hasta que oscureció. Las estrellas habían salido y una débil luz de luna comenzó a descender sobre los botes que estaban atados a las cuerdas y haciendo un vaivén con las olas. No tengo palabras para describir esa escena celestial; llenó mi corazón con extremo placer y felicidad incalculable.

Fue casi dos días después que abordé un tren a Delhi vía Thiruvananthapuram.

Mientras el tren pasaba por las pequeñas aldeas, se revelaban las más atractivas escenas. Casi cada media hora, ya fuera que pasara sobre un río o lago en el que las mujeres se podían ver tomando un baño o llevando agua para beber a sus cercanas casas de pajas sostenidas por varas de bambúes y rodeadas de cocoteros llenos de frutas. Alrededor de las casas y cerca de las orillas de los ríos los niños jugaban caprichosamente y corrían sin rumbo para exhibir su estado de ánimo libre y feliz. En ocasiones se podía ver a los hombres cultivando sus pequeños campos y las mujeres ayudándoles al plantar arroz con el agua cubriendo sus rodillas. Mientras el tren pasaba por Kerala, tales escenas captaban mi atención y llenaban mi mente de suma felicidad.

Una vez de regreso al África Occidental tuve la oportunidad de quedarme en Beirut, la capital de Líbano. Beirut tiene una gran playa del mar Mediterráneo, muy cercana a la ciudad principal. Mientras me acerqué a la playa y me asomé al agua, se veía muy bonita. El agua estaba azulosa pero tan transparentemente clara que podía ver los guijarros a treinta pies de profundidad. Un buen número de botes grandes y pequeños dormían sobre el mar un poco lejos de la playa y se movían sin rumbo con el casual despertar de las olas. Tal vez fue una de esas espléndidas escenas que habían rondado mi mente. La naturaleza siempre tiene algo que darnos, pues tenemos ojos para verlo. Si podemos trascender de nuestro mundo personal, lo que no nos deja asomarnos detrás de nuestras ocupadas agendas, nunca nos sentiremos aburridos o solos.

Así, si la experiencia llegó de una fascinante descripción contenida en algún tipo de literatura, o de una intensa expresión de amor de un amigo, o fue proporcionada por la generosidad de la naturaleza, siempre será enorme. Dichas experiencias proporcionan los momentos más inolvidables de la vida humana. De hecho, la alegría es mucho más que la felicidad. Es un "placer profundo; un gozo enorme", dice el diccionario. Otro diccionario extiende su significado más allá y dice: "la alegría es un deleite; un estado de felicidad". Transporta a una persona al peldaño más alto de la felicidad. Como estamos en un estado feliz, nos volvemos profundamente conscientes de cada cosa viviente –cada guijarro bajo el agua, los niños haciendo travesuras cerca del estanque, los campesinos cultivando sus campos de arroz, las mujeres llevando agua a sus casas, las nubes yéndose lentamente con el viento. Lo más importante en la cumbre de estas experiencias es el sentimiento de la gente que vio el secreto de la vida muy de cerca. Vemos lo que nunca antes habíamos visto.

Ardis Whitman sostiene lo anterior durante los momentos de alegría "vemos, también, la unidad de todas las cosas –una visión deslumbrante de la afinidad que todos tenemos con los otros y con la vida universal a nuestro alrededor. Cualquiera que haya tenido uno de estos momentos ha notado esta cualidad de 'fundirse'. Hay un sentimiento de que la vida está completa; mi mundo y yo somos parte del otro; toda la vida y yo estamos unidos por un vínculo de amor y entendimiento". En esta ocasión de alegría, de repente nos volvemos conscientes de quiénes somos y cuál es el propósito de nuestra vida. Todo tipo de dudas, miedos y tensiones se quedan atrás y nos aceramos a nuestro verdadero yo. Y el yo es un estado de total conciencia al momento de experimentar la alegría.

El amor y la alegría van de la mano

En donde hay alegría ciertamente hay amor en esos momentos felices. El amor y la alegría van de la mano. Un día cuando Juana* estaba en el jardín de su padre, se esparció un gran brillo sobre ella y una voz le habló.

* *Juana de Arco*

Estaba aterrorizada y cayó sobre sus rodillas. Luego escuchó una voz con la que vinieron unas alas brillantes y una cara de gloria. De inmediato supo que era el Arcángel Miguel, amado por toda Francia. El corazón de Juana estaba lleno de amor y reverencia y sintió un gran éxtasis dentro de ella; pensó que su sueño de liberar a Francia de los británicos se materializaría. Así, con la esperanza de volver realidad un deseo que esperó por mucho tiempo le traería una alegría indescriptible.

En ocasiones está más allá de la especulación cómo ocurrieron las cosas en el pasado. Una vez que las grandes metas se cumplen, damos por sentadas las cosas. Fuimos incapaces de visualizar los problemas involucrados o la cantidad de felicidad que conseguimos. Quinientos años antes de Cristo, Siddhartha (Buda), seis años después de dejar su casa, sentado con las piernas cruzadas por siete días y noches bajo una higuera, fue enormemente tentado por Maya, el espíritu maligno. Los monstruos lo asaltaron, pero él permaneció firme en su misión. La figura solitaria no se movió. Fue una lucha simbólica, en la que él triunfó sobre el demonio. La leyenda decía más acerca de eso, pero seguramente el buscador entró en una tremenda crisis que terminó con su búsqueda. Fue un momento notable de éxito y un momento de enorme alegría también; él había visto la luz y después se le conoció como Buda, que significa "el iluminado".

Vamos a reflejarnos en el ejemplo del amor de Elizabeth Browning por su esposo, Robert Browning. Un poco antes de su muerte, Elizabeth escribió un soneto expresando sus más tiernos sentimientos hacia él. El soneto de amor es realmente un ejemplo inusual de emociones exaltadas. Ella comparaba su amor con la profundidad del mar y la inmensidad del cielo azul. Elizabeth padecía asma, nunca en su vida estuvo completamente saludable; debió haber sido una gran barrera para sus deberes normales y un muy grande impedimento para criar niños y devolver el amor a su esposo. Aún así, a pesar de su enfermedad, escribió el soneto inmortal testificando tiernamente su amor sin límites por Robert. Debió haber sido un gran momento de amor y alegría en su mente cuando escribió el soneto y reveló su interior con pureza, serenidad e intensidad. Amó y adoró a su esposo más que a ningún dios viviente. Nadie puede expresar amor con esa pasión a menos que trascienda en el amor a esas alturas. Es un momento de éxtasis puro solamente.

En este momento casualmente recuerdo una canción de amor escrita para una película musical que se hizo muy popular en el mundo oriental hace apenas unos años. Un letrista no puede componer una canción de amor a menos que entienda esos sentimientos tiernos muy íntimamente. Alguien que no ha probado una copa de vino no puede describir su sabor de forma precisa. No son simplemente los instrumentos musicales que hacen que una canción llegue a los corazones humanos, es la elección de las palabras del compositor también que transportan los sentimientos de los escuchas hasta un punto de beatitud. Examinemos la canción de amor para testificar su fuerza emocional. Dice así:

No hay vida sin amor,
y en donde hay amor hay vida.
El amor es más dulce que el azúcar,
pero más amargo que una fruta sin madurar.
La promesa que uno hace enamorado con frecuencia es una promesa real,
pero cuando se rompe, se rompe sólo como un hilo débil.
Un sinfín de gente ha pasado por ese camino.
Aún no hay vida sin amor,
y no hay amor sin vida.
¿Cuál es el propósito de la vida si no hay amor en la vida?,

ni la muerte tiene significado si no tienes amor.
El amor es Dios y Dios es amor,
la vida no tiene sentido si necesitas amor.

La traducción de los sentimientos exactos es difícil. Es aún difícil llenar la misma intensidad emocional que ha estado contenida en la canción real. Pero la canción de amor antes mencionada tocó los corazones de miles de escuchas y con frecuencia los llevaba al llanto.

Aún recuerdo cómo una vez tal intensidad musical conmovió a los espectadores a levantarse de sus asientos y aplaudir durante cinco minutos. Fue cuando realicé una visita a la Universidad de Ohio en ese momento cuando un amigo alemán me dijo que viera la última función de una película que trataba sobre Amaduas, un compositor alemán y director. Por unos minutos no pude comprender la profundidad del genio de Amaduas, pero pronto mi corazón se llenó con extrema alegría. Cuando iba a terminar la película, el talento de Amaduas parecía aumentar. La gente comenzó a darle una ovación de pie. Algunos parecían conmovidos con la música que llegaba al corazón. Sentí como si perteneciera a un mundo distinto en el que la música se tocaba día y noche. Todo era alegría y amor, nada más.

Alegría es satisfacción

Los momentos de amor son como flores que se abren en un jardín de rosas. "Si no tienes alegría, no tienes nada", escribió R. L. Stevenson. La vida crece mejor y más con alegría y nuestras puertas internas que se cerraron durante mucho tiempo se abren suavemente. Comenzamos a tomar respiraciones más profundas y significativas. Nuestro yo interno se vuelve vívidamente consciente de algo de lo que antes no lo estábamos. Estos no son sólo momentos de alegría sino también de satisfacción, pero todo eso les ocurre a algunos solamente. Conforme crecemos nuestras vidas están sepultadas bajo las obligaciones de nuestro trabajo diario. ¿Cómo puede la alegría visitarnos cuando estamos corriendo en un círculo de nuestro propio negocio, nuestras propias demandas de dinero y material y buscando nuestra propia importancia? Lo que realmente necesitamos es un tipo de espontaneidad de un niño que debería estar lleno de momentos maravillosos solamente. ¿Hemos pensado alguna vez cómo sale el sol y la luna brilla o sopla el viento? ¿O cómo las lluvias van y vienen haciendo de esta tierra un lugar útil para nosotros? ¿No es maravilloso que después de la oscuridad siga la luz?

El naturalista Richard Jefferies, sentado sin ayuda en su silla de ruedas una vez expresó con emoción; "cada hoja de pasto era mía como si yo la hubiera plantado. Todos los pastos eran mis mascotas. Las amaba a todas. Cada halcón salvaje que pasó sobre mi cabeza era mío. ¿Qué hay más hermoso que pasar por el limpio y curveado azul del cielo? ¡Oh días felices, felices! ¡Tan hermoso de ver, todo mío!". Este tipo de receptividad ferviente es difícil de devolverle al mundo.

En ocasiones es sólo una oportunidad para ver la antigua experiencia de un nuevo modo. De regreso de los Grand Canyons paramos en un hotel en Flagstaff, una ciudad cerca de noventa millas de los Canyons. Yo estaba con mi esposa y dos adolescentes. Ya tarde en la noche nos pusimos a platicar. Como desperté temprano esa mañana, observé que había nevado durante la noche. De inmediato le dije a mi hijo que se levantara. Le dije que faltaba el carro. Cuando se asomó por la ventana, dijo casualmente: "Oh, nevó durante la noche". Luego salió del cuarto y gradualmente recogió la nieve que cubría el carro. La nieve no había sólo cubierto el carro sino todo lo que estaba a cinco pies de altura. Yo estaba sorprendido por la extraordinaria generosidad de la naturaleza, lo que llenó mi corazón con gran emoción. Hasta entonces había visto la nieve en las fotografías y en televisión, y ahora estaba experimentándolo cara a cara. Mientras manejábamos de regreso a casa, observé que el sol había salido y la nieve comenzaba a derretirse de los árboles, pero las ramas estaban aún dobladas con el peso de la nieve. Al ir avanzando, ocasionalmente el sol se asomaba por los árboles. Todo era extremadamente fascinante. Atrapó nuestra mente por un largo tiempo.

Es realmente difícil disfrutar ese tipo de placer a menos que rompamos nuestro aire acondicionado que funciona como una celda. La alegría no viene sólo de fundirse con la naturaleza, sino de la creatividad y clara percepción. Viene del descubrimiento, la perspicacia y la intensidad emocional. Viene de cultivar el amor.

◆●◆

Cinco

Cuando el amor trasciende

Cuando se genera el amor verdadero, trasciende a una altura extraordinaria desconocida para el espectador, pero no siempre ocurre. A la mayoría de la gente le gusta vivir en la tierra y nunca se aventuran a nadar en las aguas profundas porque les da miedo ahogarse. De hecho, el amor verdadero no conoce ningún miedo.

La historia de amor comienza desde la gente primitiva, quien no parecía tener mucho conocimiento acerca del amor. Difícilmente tenían una palabra para él; cuando se casaban, tal vez estaban más impulsados no exactamente por un sentimiento semejante al romance sino con un deseo por tener hijos y también por tener comidas regulares. Uno de los antropólogos, Lubbock, dice que "en Yorba* el matrimonio lo celebran los nativos sin preocuparse en lo posible; un hombre piensa tan poco al tomar una esposa como si fuera a cortar maíz –del afecto ni hablar".

Nietzsche, el filósofo alemán pensó que el "amor romántico" era un invento de los trovadores provincianos, pero la verdad es que mientras la civilización surge, el elemento "espiritual" creció de la fuerza reproductiva obligada. Los griegos supieron la importancia del romance cuando miles fueron asesinados a causa de la belleza de Helena. El genio poético de Marlow no encontró una mejor expresión para la belleza de Helen cuando hizo el pronunciamiento abruptamente del Dr. Fasts:

"¿Fue este el rostro que lanzó mil naves y quemó las altas torres de Ilión?".

* *Yorba es una comunidad étnica que vive en África occidental, principalmente en Nigeria y Níger.*

Las noches árabes son testigo de que el amor no esperaba una canción medieval. Cuando la iglesia exaltó la pureza, capturó en la mujer el encanto de lo inasequible y ayudó a madurar la poesía del amor. "Un amor así es para el alma de aquel que ama", dice La Rochefoucauld. Así, el amor que se inició de la necesidad física de lo primitivo, gradualmente cambió hacia el reino espiritual. "Todos los hombres son mentirosos, traicioneros, habladores, hipócritas, presumidos; todas las mujeres son vanidosas, artificiales, pérfidas;... pero hay una cosa en el mundo sagrada y sublime y esa es la unión de esos dos seres imperfectos", dice De Musset.

Después de una breve pausa de tiempo Nietzsche se inclinó y declaró solemnemente: "La más casta expresión que he escuchado del amor verdadero es que es el alma que abraza al cuerpo".

¿Cómo explicar esta transformación del deseo físico en el amor romántico? ¿Qué hizo las ansias físicas de florecer en la dulzura que la agitación del cuerpo debería convertir la ternura del alma? ¿Ocurrió a causa de la civilización conforme se fue desarrollando, o hubo alguna otra razón para ello? ¿Cómo se pospuso la época de celo y dejó el deseo de la carne con un anhelo sin cumplir? Era un tipo de anhelo que se volvió introspectivo a la imaginería y vistió el objeto querido con los mejores colores del deseo sin cumplir. Era un deseo que amábamos buscar. Como resultado, el buscador se volvió hacia su carácter espiritual, ya que parecía ser más virtuoso y valioso.

Desarrollo psicológico del amor

La belleza del objeto, finalmente, se vuelve la fuerza del deseo sin cumplir. El deseo debilitado por la falta del cumplimiento del amor se hizo más rico por la negación. Así, el amor se vuelve más espiritual en la juventud de un individuo durante la madurez de una civilización. Cuando la represión alcanzó su altura, la restricción suavizó la carne dentro de la poesía. Esta es la historia de amor y búsqueda de la felicidad a través de las aventuras románticas.

Consideremos el desarrollo psicológico del amor. Con frecuencia comienza con una ternura especial de la niña hacia su padre y del niño hacia su madre. Gradualmente cambia a una devoción apasionada a alguna persona más cercana a la edad del amante. En una escuela mixta, cada salón tiene niños que están enamorados del maestro del sexo opuesto. Hay un gran embellecimiento en estos amores migratorios; la imaginación está provocada por el cuerpo en crecimiento y concibe imágenes vívidas. A la imaginación le gustaría hacer reales estas imágenes y consagrar cualquier objeto favorable en su fantasía. "La primera tendencia a amar en una juventud sin corromper toma por completo una dirección espiritual", dice Goethe. Así, el espíritu del amor que se originó de un fuerte deseo se vuelve gradualmente un amor espiritual, pues el buscador cree que es más duradero, así como consagrado con la alegría sin límites.

Para dar un ejemplo, me gustaría citar aquí de ***Tess de los D'urberville*** de Thomas Hardy, que cómo en ocasiones el amor temporal aumenta de nivel y consigue la elevación espiritual. Cuando Ángel Clare, en la noche de su matrimonio descubre que su esposa Tess había sido agredida sexualmente, se sintió completamente infeliz. Molesto por la repentina situación, se habla tristemente a sí mismo y fuera de la frustración decide dejar de reconocerla como su esposa. Luego de pronto murmura abruptamente:

No eres tú la mujer que he amado.

Tess pregunta tristemente:

¿Y quién soy?

Otra mujer en tu forma, Ángel replica suavemente. Luego la mira como una especie de impostor, una mujer culpable bajo el disfraz de una inocente.

Ya no te pertenezco entonces, ¿cierto Ángel? Pregunta, impotente.

Lágrimas desenfrenadas brotan por sus mejillas. Después de llorar un rato, dice entre sollozos:

Ángel, ¿soy tan perversa para que vivamos juntos?

No he podido pensar lo que podemos hacer, responde Ángel.

Después de una corta pausa, Ángel revela sus intenciones de alejarse, dejando a Tess. Está lleno de remordimiento. Con angustia en su corazón. Ese fue el momento en que Tess pudo crearle problemas, pero en lugar de eso superó la situación. Cuando conoció a Ángel Clare después de unos años que fue acosada por Alic, ella se enamoró de él, pero su amor por Ángel no era egoísta. Lo amó con toda su intensidad. Lo amó más allá del deseo físico. Seguramente lo necesitaba de un modo distinto. Después de saber sus intenciones, ella le dijo:

No te pediré que me dejes vivir contigo Ángel, porque no tengo el derecho de hacerlo. No le escribiré a mi madre y hermanas para decir que nos hemos casado, como dije que lo haría...

¿No lo harás? Preguntó Ángel.

No. No haré nada, a menos que me lo ordenes; y si te vas no te seguiré; y si nunca me vuelves a hablar no preguntaré por qué, a menos que me digas que puedo hacerlo, dijo Tess.

¿Y si te ordeno hacer cualquier cosa? La interrumpió Ángel

Te obedeceré como tu miserable esclava, aun si me pidieras morir. Tess respondió tristemente.

Esas palabras no se pronunciaron simplemente para complacer a Ángel. Tess está llena de remordimiento e impotencia, pero no es egoísta. En su remordimiento, Tess trasciende el nivel mortal ordinario y de repente alcanza un estado mucho más alto que es desinteresado y lleno de sacrificio. Es muy difícil alcanzar ese nivel. La gente que son realmente buenos y transparentes con frecuencia ascienden a esa etapa. El amor espiritual es, quizá, de ese tipo en que el egoísmo se aleja. Es un estado en el que el yo consigue felicidad sin límites.

Puede no ocurrir muy seguido en este mundo mortal, pero hay hombres y mujeres que desde el principio de su vida están conscientes de la naturaleza pasajera del mundo. Asimismo, demuestran el amor en un plano diferente. Por ejemplo, Siddhartha Gautama rechazó entregar la paloma a su primo que le había disparado y herido. Siddhartha sacó la flecha del cuerpo de la paloma y la tendió hasta que se recuperó y volvió a volar. Cristo, abrumado por la compasión al ver a los enfermos los curó por completo. Meera resucitó al doctor real aunque él le había dado veneno por orden de Rana.

Toda esa gente tenía amor abundante por los seres humanos –sólo amor y no el deseo de recibir algo a cambio. Este tipo de amor es una recompensa en sí. Como consecuencia, concede felicidad sin límites pues es mayor en intensidad.

Desde las primeras manifestaciones que vienen inmediatamente después de la plenitud de la pubertad, el amor pasa por varias etapas; normal si es temporal y anormal si es permanente.

Luego vienen los días de noviazgo. El noviazgo no espera hasta la madurez. De hecho, la mitad de los juegos que jugamos durante nuestra infancia eran juegos de amor. El noviazgo sirve para grandes propuestas. Estimula el amor a la plenitud total y da tiempo para seleccionar lo mejor (no en donde sea), lo que lentamente aumenta la calidad de vida. En la mayoría de los adultos, durante el ritual de noviazgo, los hombres hacen el progreso en el amor y con frecuencia la mujer es la que retrocede. Puede haber excepciones por ambas partes. El hombre por lo general toma el lado agresivo y positivo, pues por naturaleza es más fuerte y más combativo. La mujer es para él un premio que debe conquistar y poseer.

Las mujeres, si son inteligentes, luchan con modestia. La modestia es una retirada estratégica, nacida del miedo y la pureza. Crece a través de la delicadeza y la sutileza. Era tal vez la dulzura y simplicidad de Tess que le hicieron decir a Ángel que lo obedecería aun si la abandonara para bien. En la gente civilizada la modestia es uno de los desarrollos físicos más razonables del amor. Crece hacia un esplendor único y en ocasiones supera los impulsos más profundos del alma.

Cuando el niño llega al mundo, el amor en los padres se renueva, pero este amor es extrañamente diferente de la llama e intensidad del amor que ardió antes. Antes del nacimiento de los hijos la llama del amor ardía de una forma de forma vacilante –en ocasiones más y a veces lo mínimo. Mientras nace el niño es probable que tome del corazón de los padres algo del afecto que los hizo uno en pocas palabras. La madre es propensa a olvidar al padre en su nueva devoción. El padre, si es una niña, comienza a pasar su adoración a ella con la intensidad con que cortejó a su esposa. Este nuevo tipo de amor es muy diferente en cantidad y espíritu. El corazón se funde hasta un punto agonizante cuando el niño enferma. Su risita llena sus corazones con dicha sin límites. Es tiempo cuando dos alma parecen sentir que su matrimonio es perfecto –una realización total.

Pero en esos años de familia hay muchas pruebas por venir. Cuántas diversidades de fortuna impregnan su vida; la enfermedad trae el miedo a morir; tantos planes que hicieron e intentaron juntos. Las victorias que se ganaron mano con mano. Las mentes mortales se vuelven un tipo de sociedad espiritual, fusionándose en uno solo. Velan juntos las cunas de los niños, los ven crecer... les dan su amor y se vuelven uno en este proceso de amar a los hijos.

Conforme pasa el tiempo en el hogar en el que sonaba el eco de la risa de los niños, ahora está encantado con sus silenciosos recuerdos. Las dos almas, unidas con la llegada de los recién nacidos, se quedan solas –solas para sí mismos. Después de un corto periodo de soledad, desánimo y quietud, una abundancia de consuelo llena sus corazones. Da un gran sentimiento de satisfacción; sus compañeros del pasado experimentan un nuevo amor en su compañerismo. Su gran espectro no está lleno hasta que se haya mitigado con su más cálida presencia la soledad de la edad. Descubren una nueva cercanía llena de consideraciones, compasión y una gran intensidad de afecto. Aquellos que conocen todo esto, saben bien que el deseo por la carne se ha consumido. Con el florecimiento del espíritu, el hambre física del cuerpo está completa, ¿no está altamente satisfecha? ¿No es el pináculo de la felicidad? Pero sólo aquellos que son inteligentes y prudentes son capaces de disfrutarlo.

El amor desinteresado es significativo

El verdadero amor no es solamente ilimitado, sino también significativo. Surge sobre todas las barreras físicas y trasciende a una altura interminable que no tiene idea. Para dar un ejemplo, vuelvo a mencionar la historia de amor de Elizabeth y Robert Browning. Cuando Elizabeth era joven, sufría de asma y tenía mala salud. Como consecuencia, su padre le ordenó quedarse en casa, pero su genio poético no podía frenarla fácilmente por su débil salud y con frecuencia se asomaba a sus ventanas. Escribió poemas emotivos y los publicó en los periódicos locales. Cuando Robert Browning leyó esos poemas, instantáneamente se enamoró de ella. Pensó que la mujer cuya poesía era tan conmovedora, debería ser maravillosa. Un día cambió su camino hacia casa de ella pero se puso triste de ver su cuadro de ataques de asma. Sin embargo, no alteró la decisión de Robert; le propuso matrimonio pero ella lo rechazó pues pensaba que no podría hacerlo feliz. Nunca quiso que Robert aguantará el sufrimiento mientras su débil salud no podría ayudarle a realizar su vida. Pero el amor verdadero no conoce límites; finalmente cedió a la insistencia emocional de Robert pues vio en sus ojos un tipo de amor inmortal que difícilmente hubiera visto antes. Se fugaron y se casaron contra el deseo del padre de Elizabeth, mientras que ella se recuperó hasta cierto punto más tarde pero no por completo. Cuando ella estaba en sus cincuentas, murió en Venecia. Antes de su muerte escribió un soneto para expresar cuánto amaba a su esposo. Tal vez esas líneas poéticas son buenas para el epitafio en su tumba. El significado del amor no puede tener una mejor expresión de lo que comunicó a través de un soneto para su esposo. Reproduzco en prosa lo que ella escribió:

Con la pureza del corazón de la gente cuando sale de la iglesia después de rezar y el melodioso canto mañanero de los pájaros; con la profundidad del mar

y la inmensidad del cielo azul; con la intensidad de la fragancia contenida en la brisa matinal –con todo eso te amo a ti.

El amor de Elizabeth Browning es únicamente inmortal. Como Meera que trascendió a las puertas del tiempo y alcanzó más allá de los límites mortales del amor humano. Normalmente los individuos no cruzan esos límites ni en acción ni en pensamiento.

Así es el ciclo del amor. Puede comenzar con la cruda lujuria del guardameta y la pasión violenta de Lady Chatterly. Puede continuar por medio de los sonetos de amor de Elizabeth Browning o continuar sin final con la vieja pareja que se siente elevada con la felicidad mientras sus hijos y nietos se reúnen para celebrar medio siglo de su amor. Es la historia de amor; continúa sin final. George Santayana expresó muy profundamente que "cualquier idea tiene una base natural y todo lo natural tiene un desarrollo ideal". Así que dejemos al amor ser un desvergonzado de su pasado –de sus orígenes– y dejemos que el deseo sienta pena si no trasciende a la devoción.

Platón dijo una vez: "aquél a quien el amor no toca, camina en la oscuridad". Recuerdo una pequeña historia de una mujer mayor a quien su padre regaló con quien ella no amaba. Después del matrimonio con ese hombre, por casualidad vio a su amante una vez; parecía estar en bancarrota, desolado y desencajado. Se sintió extremadamente culpable. Acercándose a él lentamente le preguntó: ¿No es verdad que yo arruiné tu vida? El desesperado amante contestó con calma: "¡No! Al contrario, tú diste significado a mi vida". Entonces, cuando el amor alcanza una vez grandes alturas, se vuelve altamente significativo. Una vez le pregunté a un amigo muy cercano –un profesor que llevaba a su mujer en el asiento de atrás de su moto. "¿Qué quedará en la vida si el 'amor' desaparece?", él contestó de inmediato: "No quedará nada".

El amor verdadero no es sentimental

Aunque Gautama Buda descubrió que todas las cosas tenían que degenerarse y morir, su descubrimiento acerca de la miseria humana y cómo terminarla, es realmente la consecuencia de su amor devoto por la humanidad. Es verdad que todas las cosas mueren, pero el amor es el único que escapa a la mortalidad; se sobrepone al tiempo y a la muerte. Entre la amargura de la ilusión es la fuerza del amor lo que nos salva de la ruina y decadencia.

El cansancio puede ser nuestro destino en diversas ocasiones, pero nuestro amor es la luz que nos salva del desastre. Da abundancia de esperanza que genera energía para continuar. El amor entibia el corazón con el consuelo sin límites. Tal vez su tibieza es mayor cuando se da en lugar de recibir. Este tipo de amor no es sentimental.

Antes de cerrar este capítulo me gustaría citar del papa Juan Pablo II algo acerca del verdadero amor de su libro ***Cruzando***

el umbral de la esperanza, en el que reflexiona:

> **Alguien es para una persona si lo ama. El amor no tiene límites para excluir todo el comportamiento que reduce a la persona a un mero objeto de placer. Requiere más; requiere la afirmación de la persona como persona. Lo más importante acerca del amor,** continúa el papa, **es el regalo sincero de "sí mismo" en este sentido la persona se realiza a través del amor. Si un hombre no se compromete a sí mismo para convertirse en un regalo para otros, entonces su libertad puede peligrar. Se convertirá en libertad para hacer lo que yo mismo considero como bueno, lo que me dará placer o beneficio, al final puede terminar en libertad egoísta.**

¿Cómo puede la libertad egoísta dar felicidad a uno "mismo" o al "otro"? es una pregunta que necesita entender el individuo, pues su propia felicidad depende ampliamente del entendimiento del concepto de que "el amor es el regalo más sincero de uno mismo". Buda, Ramkrishan, Cristo y Jiddu Krishnamurti entendieron el significado del amor muy correctamente. Actuaron de acuerdo y por medio de su vida. Mientras predicaban a sus discípulos, Cristo recomendó en una ocasión:

> **Ama a tus enemigos y haz el bien aun a aquellos que te odian sin esperar nada a cambio.**

Jiddu Krishnamurti tiene puntos de vista muy similares mientras define el amor. En su libro ***La primera y la última libertad*** reflexiona:

> **El amor no es sentimiento. Ser sentimental, emocional, no es amar porque la sentimentalidad y la emoción son meras sensaciones. Una persona religiosa que llora por Jesus o Krishna, su gurú o alguien más, es meramente sentimental o emocional.**

Siendo un filósofo, en ocasiones el enfoque de Krishnamurti hacia el amor parece ser un poco diferente que el de otros, aunque básicamente no difiere mucho de ellos.

Él declara:

Obviamente no hay amor cuando no respetas al otro, ya sea tu sirviente o tu amigo. ¿Has notado que no eres respetuoso, amable, generoso, con tus sirvientes, con gente a la que se le dice "por debajo" de ti? ... por lo tanto en donde no hay respeto no hay amor; en donde no hay piedad, no hay compasión, en donde no hay perdón, no hay amor.

No creo que el concepto de Jiddu Krishnamurti acerca del amor sea diferente del de Cristo o el de cualquier otro. ¿Cómo puede una persona amar a su vecino a menos que tenga respeto por él? ¿Cómo un esposo o esposa se aman sin tener respeto hacia el otro? Parece que el respeto, el amor, la satisfacción y la felicidad tienen algo en común con el otro si no es que son sinónimos totalmente. Tess no hubiera estado segura para obedecer a Ángel si no lo hubiera amado. Meera nunca hubiera podido tener amor por Krishna sin adorarlo, Cristo no hubiera amado a la gente si no la hubiera respetado. Por el contrario, el amor de Lady Chatterly por el guardabosque era sólo para satisfacer su sed física, por lo que ella lo trataba como sirviente. Elizabeth Browning era una encarnación del amor y la veneración, vivía sólo para su esposo. Después de su muerte, hizo su amor inmortal por medio del soneto que escribió poco antes de morir.

Cuando una persona ama o adora a otra, su corazón está lleno de compasión, afecto y ternura. Entonces comienza el proceso de trascender y sube a una etapa que es muy diferente de la temporal. Es un estado de amor perfecto, totalmente desprovisto de egoísmo, beneficios personales y muy lejos de la falta de respeto. Es una etapa en la que el yo consigue satisfacción completa y dicha sin final.

Cuando Meera cantó con tristeza ***Mero a Girdhar Gopal, dusra na koi*** (nadie es mío excepto Krishna), había trascendido al peldaño más alto del amor. Krishna era todo para ella y ella para él. Fue por su amor verdadero que siempre sintió su presencia cerca de ella. Ella le habló y le hizo ofrecimientos de amor. ¿Qué mejor significado uno podría dibujar de la vida como lo hizo Meera? Cuando Elizabeth Browning estaba muy enferma a punto de morir, Robert siempre vivió en sus pensamientos, lo que le hizo no sentir ningún dolor. En lugar de eso, ella sintió un tipo de consuelo que le dio gran fuerza. Cuando el amor verdadero abunda, la alegría sin final está obligada a extenderse.

Si la felicidad va a continuar por siempre, se debe cultivar el amor verdadero. Puede haber cortos destellos de alegría muchas veces en la vida de uno. La persona puede apreciar esos momentos, recordarlos en ocasiones y sentirse feliz, pero para mantener la felicidad por siempre, uno necesita cultivar los sentimientos tiernos de amor por otros. Los ejemplos de Jesucristo, Gautama Buda, Martín Lutero, Gandhi y Juana de Arco son los mejores ejemplos a seguir. Si uno desea la felicidad duradera, debe tener siempre en mente no sólo los patrones de vida de la gran gente cuya referencia se ha leído anteriormente, sino cultivar también las virtudes como el perdón, la benevolencia y la compasión. Sin eso la felicidad sería sólo un drama de vida corta.

◆●◆

Seis

El perdón trae gran éxtasis

Por lo general es más conveniente para nosotros herirnos y reflejar enojo sobre los otros por lo que con frecuencia creemos que han actuado contra nuestro deseo. También nos es muy conveniente expresar nuestra ira actuando ferozmente o algo similar, pero nos es demasiado difícil mantener la calma y no tomar represalias cuando otros nos lastiman. La mayoría de la gente sigue manteniendo la mala voluntad contra otros por lo que sienten que los han ofendido o engañado. Este proceso continúa por mucho tiempo sin mantener cerca la idea del perdón. Como consecuencia, la infelicidad se impregna en las vidas cuando un pequeño pensamiento de perdón puede hacer maravillas y aminorar la tensión.

Recuerdo un incidente que tuvo lugar cuando terminaba mi maestría en una universidad local. Uno de mis amigos cercanos trajo algunos dulces hechos en casa al hostal después de regresar de un descanso en Dipawali; me invitó a su cuarto y compartió conmigo los dulces preparados por su mamá; esos dulces eran deliciosos y comimos muy a gusto. Antes de que nos fuéramos de su cuarto, me dijo que no dijera lo de los dulces a nadie en el hostal, pero no le hice mucho caso y les dije a algunos cuantos internos seriamente. Como resultado, muchos hostales, vinieron a conocer los dulces; se acercaron a mi amigo y comieron los dulces y como resultado se terminaron en una hora. Cuando mi amigo vino a saber acerca de mi juguetón engaño, estaba muy lastimado; instantáneamente terminó nuestra amistad. La vida se volvió muy difícil para ambos; una hora antes éramos muy cercanos, pero el "dulce" episodio nos llevó a apartarnos de inmediato. Yo pensé que no tenía la culpa del todo y el amigo creyó que yo lo había engañado. Tal vez los dos teníamos la razón o tal vez no, pero ambos dejamos de hablarnos. Nunca intentamos vernos ni siquiera para olvidar el pasado. Pasaron dos meses así y un día mi amigo se puso muy enfermo y lo ingresaron en un hospital cercano; aunque no nos vimos por un par de meses, yo me sentí muy preocupado pues no fui a ver a mi amigo enfermo. Conforme pasaba el día y la noche corría, el sentimiento de culpa se hizo más fuerte en mí. Deshaciéndome de mi falso orgullo, fui hasta la habitación del hospital en donde se encontraba mi amigo. Tan pronto como mi amigo me vio, se nos salieron las lágrimas. ¡Qué impacientes habíamos estado los dos por vernos desde esa mañana! Después de una breve conversación, volvimos a ser amigos. Instantáneamente admití mi culpa. El amigo de inmediato aceptó su ceguera y luego hablamos un par de horas olvidando el pasado. Tal vez fue ese el primer día de mi vida en que entendí el significado del perdón.

Por lo general es muy difícil concebir la idea del perdón. De hecho la mayoría de la gente no tiene oportunidad de verlo muy de cerca. Además, no parece dar ningún beneficio inmediato. Mucha gente también cree que el perdonar a otros puede hacerlos parecer débiles, así que se quedan con eso y disipan la idea del perdón. La verdad básica acerca de eso es que se necesita mucho valor para perdonar a otros. Si alguien ha probado sus verdaderos beneficios alguna vez, siempre consideraría lo principal en la vida porque ciertamente da armonía.

Desafortunadamente, la peor parte de nuestra vida es que cuando estas crisis llegan, no podemos imaginar una salida. Podemos intentar varias formas de escapar de la vida, tal como volvernos adictos al alcohol, entregarse a aventuras amorosas sin sentido uniéndose y organizando fiestas constantemente, viajes infructuosos –o sólo matando el tiempo letárgicamente. La verdad es que cuando hay tiempos difíciles, nuestra fuerza parece estarnos fallando. La luz de nuestros ojos parece haberse ido de nosotros. Nos sentimos perdidos –totalmente perdidos en medio de la confusión. Como resultado perdemos los estribos, comenzamos a acusar a otros y entramos en la región del odio. Tal vez es el principio para considerar vengarse. Es en realidad un tiempo muy difícil en la vida de alguien cuando comienza a permitirse pensamientos de represalias absolutas de angustia e ira. Es el momento en que nos falta el pensamiento correcto –nos falta la luz o cualquier tipo de esperanza. El Bhagavad Gita acertadamente describe este estado de la mente del hombre. Dice así:

क्रोधाद्भवति सम्मोहः सम्मोहात्स्मृतिविभ्रमः।
स्मृतिभ्रंशाद्बुद्धिनाशो बुद्धिनाशात्प्रणश्यति ॥६३॥

De la ira proviene la desilusión; de la desilusión la memoria confusa; de la me-

moria confusa la destrucción de la razón (Buddhi); de la destrucción de la razón se muere. (Ch. II, Versículo-63.)

El camino de los grandes maestros

No hay nadie cuya vida no tenga momentos de debilidad. Hasta los santos y gente sagrada no son la excepción. Se frustran y en ocasiones también pierden los estribos. Ramkrishna experimentó esos momentos; fue a invocar a la diosa Kali por tres días, insistiéndole en alimentarlo de sus propias manos. Cuando ella no se apareció ante él de forma humana, tomó una daga para terminar con su vida, preso de la frustración. Sri Ram perdió los estribos cuando el mar no hizo caso a sus oraciones de darle el camino para llegar a Lanka. Meera tuvo que implorar a Sri Krishna en muchas ocasiones cuando estaba en gran angustia a causa del mal trato de Rana. Inclusive intentó terminar con su vida lanzándose al río Yamuna. A pesar de la frustración y el momento difícil, toda esta gente trascendió de alguna forma a sus circunstancias irregulares y finalmente alcanzaron un nivel que les dio paz, consuelo y felicidad.

Hay varios ejemplos de diferentes países y religiones en que tanto las personas sabias como las personas sagradas habían sufrido mucho a causa de la mezquindad de otros y de las intenciones de venganza. Pero difícilmente reaccionaron contra aquellos que les causaron daño. Cuando Sócrates estaba bajo proceso pues se le acusó de quebrantar la ley del estado, se defendió de la forma más extraña, correspondiente a un gran pensador; sabía que no estaba equivocado. En ocasiones poseía una gran angustia por las falsas acusaciones contra él, pero era muy valiente. Aunque sufrió mucho, no escapó a la prisión aun bajo gran tortura. Además de los anteriores, hay muchos ejemplos en que la gente tuvo momentos difíciles en su vida pero no pensaron tomar venganza cuando se encontraron con el peligro infligido por otros. Sabían bien que caer en actos de venganza llevaría a la bajeza del alma y los transportaría al plano de la infelicidad. Por lo tanto, a pesar del gran peligro, la gente buena y confiable no se enfurece; permanecen calmados y parecen contentos. Cuando Swami Vivekananda fue a América a participar en la "Conferencia religiosa" en Chicago, perdió todas sus pertenencias. No tenía ropa, dinero ni lugar en el que quedarse. En una ocasión en la que estaba durmiendo en un vagón de productos vacíos, un policía lo maltrató y lo forzó a salir de vagón. Él no perdió ni su valor ni la fe en esa ocasión; en lugar de ello se puso a pensar en encontrar formas para participar en la conferencia.

¿Por qué la mayoría de la gente no pelea en esos momentos en que se sienten frustrados y fracasaron? ¿No debieron intentar levantarse y caminar contra esos momentos débiles que nos llevan hacia el calabozo de la depresión, frustración y el afán de venganza? Tal vez la respuesta correcta a esas preguntas no sólo sería "sí, sigamos adelante". Cada célula en cada cuerpo está programada para pelear por la vida; ¿qué ocurre cuando la llanta de nuestro carro se poncha y estamos atorados en un lugar en el que la ayuda no está disponible fácilmente? No nos quedamos en ese lugar a llorar para que nos ayuden, ¿o sí? La verdad es que estamos aquí en la tierra para vivir y experimentar lo que venga, para actuar en esa experiencia tan bien como podamos y por lo tanto, crecer. La vida es como una vela hecha para brillar siempre más y para iluminar aquellas vidas que necesitan ser iluminadas. En ese sentido, la vida es un regalo de Dios para nosotros. ¿No deberíamos hacer nuestra vida significativa y provechosa para quienes vienen detrás de nosotros? Si es así, no debemos insistir en temas de defensa, odio y venganza. En lugar de eso, debemos aprender a levantarnos sobre esos pensamientos y caminar hacia el dominio total de la esperanza. Debemos tener como objetivo vivir con los pensamientos que nos llevan al reino del perdón. Debemos apreciar la vida contra la debilidad de la culpa, el dolor, el fracaso o la furia y esperar hasta que las luces de la compasión y el perdón aparezcan de nuevo.

Para alcanzar ese plano absoluto de amor y perdón, necesitaríamos escoger una forma particular de vida. Jesucristo escogió el camino del amor para la posteridad. Sri Ramkrishna Paramhansa eligió el camino lleno de fe en Dios. Meera vivió y murió sólo por Krishna. Sócrates eligió su camino para definir el significado de la verdad. Shri Ram no sólo creía en los valores sociales, también los practicó durante toda su vida. La vida en su mayoría se convierte en una compañía de los pensamientos que uno persigue toda su vida. Yo he visto gente que se suicida porque no pudieron superar sus decepciones y he visto gente superar sus circunstancias difíciles y alcanzar alturas encomiables no escaladas tan fácilmente por millones. Por lo tanto, la forma de vida que uno contempla para vivir es la única forma que le gusta vivir.

¿No es imprescindible elegir una vida llena de compasión y sin frustración y odio? Si uno desea vivir felizmente, debe ser compasivo. Si uno quiere vivir pacíficamente, debe considerar que la reconciliación es una de las mejores formas de hacer la vida más fácil. Los esposos y esposas con frecuencia discuten sobre asuntos hipotéticos debidos a miedos infundados que posiblemente nunca en su vida se materialicen. ¡Así que por qué no escoger mejores formas de vivir!

Ardis Whitman recomienda varias formas de vivir una vida más feliz; consideremos cada una de ellas y analicemos si son verdad para hacernos felices:

Invitarte a ti mismo es vital

Si uno lee considerablemente bien, puede encontrar ejemplos de mucha gente valiente que nunca se rinden y que están como prueba de que la vida vale la pena. Los científicos que han hecho descubrimientos para enriquecer la vida humana son los mejores ejemplos de ese tipo. Una vez que una persona cree en algo, su creencia ayudará a crear el hecho. Toda la vida de Yogananda expresada en su ***Autobiografía de un yogui*** es una prueba directa de ello. "Si tuviéramos a un hombre como Paramhansa Yogananada en las Naciones Unidas hoy, probablemente el mundo sería un mejor lugar de lo que ya es", dijo B. R. Sen, embajador de India en EUA, en el funeral de Yogananda. Así como él, ha habido varias personas que sobresalieron en la vida porque siguieron el camino en el que creyeron. Sir Winston Churchill es otro buen ejemplo de este tipo. Es, por lo tanto, imprescindible que uno crea en llevar una mejor forma de vida. Uno nunca sería capaz de hacer el bien si no lo cree.

El perdón es fundamental

La mayoría de la gente es incapaz de olvidar las heridas causadas por otros. Casi siempre pasa durante una conversación común que los individuos se comportan despreocupadamente y ocasionan heridas involuntariamente al otro. Una razón para hacerlo es la autoestima exagerada o ego, que se incrementa sobre el nivel natural y crea problemas. Recuerdo un incidente de esa naturaleza mientras trabajaba en África occidental. Durante una reunión, dos viejos amigos comenzaron a hablar en voz muy alta acerca de sus hijos. Ninguno estaba preparado para aceptar que su hijo era menos inteligente que el del otro. La conversación finalmente terminó en una gran pelea y como resultado, se distanciaron.

A veces la plática inconsciente nos lleva a tal punto en el que no hay regreso. La gente con frecuencia se permite discursos que no dan ningún resultado. Ni su conversación es fructífera intelectualmente y mucho menos satisfactoria. El gran Buda nos advirtió que no nos permitiéramos entrar en discusiones, especialmente relacionados a los temas como "¿el alma existe?" "¿Existe el cielo o el infierno?" "¿A dónde vamos después de morir?", etc. Por lo tanto, siempre es prudente evitar discusiones que pueden terminar en discordia y como consecuencia crear amargura en los corazones, pero si las discusiones siempre llevan a la amargura, sería prudente perdonarnos. Cuando la gente habla, es simplemente una reunión oral y no hay nada más allá de eso. ¿Por qué entonces llevar la discusión hacia la discordia y la ruptura de una buena relación que ha durado por años? Dejemos que la parte prudente del yo derrote la parte mala de él y ayudar a uno mismo a evitar lastimar a otros. Si a veces no es posible, entonces recordemos que el perdón siempre funcionará como un gran sanador de heridas, más que cualquier medicina efectiva.

Whitman expresa que "cualquiera que sea la causa de nuestro problema, con frecuencia vemos en ello alguna falla real o imaginaria de nosotros mismos (o de otros también). Siempre hay una medicina restauradora para lo que hicimos mal. Primero, la enfrentamos, reconocemos la verdad ante nosotros y Dios y con todo el corazón decimos, 'Lo siento, no lo haré de nuevo'. Si hay restitución que pueda hacerse, hazla". Si hay sinceridad al reconocer su falta, hay una muy buena oportunidad por el que Él puede perdonarlo y a otros también. Ahora recuerdo una pequeña incidencia que ocurrió durante mis días en la primaria.

Esos eran los buenos días de antaño a principios de los años treinta. Era una clase con un solo maestro en que los estudiantes con frecuencia recitaban sus lecciones sin molestar al maestro que a menudo se dormía. Ese particular maestro tenía un diente flojo y seguido me pedía moverlo lentamente para que gradualmente se fuera rompiendo desde la raíz. Eso fue un par de días, pero el diente no se separó de la raíz. Un día cuando estaba ocupada moviendo el diente lentamente, le di un pequeño jalón para que finalmente se aflojara. Tal vez el jalón ocasionó dolor en la boca del maestro. Tan pronto como el diente salió el maestro perdió el sueño y también su carácter; me golpeó con los puños y me gritó muy fuerte. Estuve muy afectado por días a causa del castigo, pero después de unos días olvidé el incidente. Pasaron dos años desde entonces y me promovieron a dos clases más altas. El maestro que me había golpeado también se retiró para entonces, pero uno de esos días cuando estaba ocupado recitando el ***Ramayana*** en la clase, me sorprendió ver a mi viejo maestro llevando una bolsa llena de dulces. Como regresaba a casa de un peregrinaje, trajo dulces para los niños que fueron sus alumnos en el pasado; era muy habitual esos días. Cuando fue mi turno de recibir los dulces, el maestro se detuvo por un rato en frente de mí. Primero, me abrazó y puso su mano con afecto sobre mi cabeza. Parecía que recordaba claramente el incidente en que me golpeó. Luego se asomó a mis ojos y me dijo: "Hijo mío, un día te golpeé por algo que no era tu culpa. Por lo tanto te compartiré el doble". Fue un tipo de reconocimiento del error por parte de mi maestro. Me hizo olvidar la ofensa. Por el contrario, aún recuerdo muchas veces el tipo de toque de la mano de mi maestro y el abrazo afectuoso que me dio. Por lo tanto siempre es mejor dejar la ofensa atrás y llenar la pileta de la vida con nuevos planes y vigor. Por lo tanto, debería ser bueno evitar dar vueltas a lo que otros nos han hecho. La mayoría de la gente que nos lastima lo hace con frecuencia fuera de sus problemas y no por su percepción de nosotros. No olvidemos que en caso de que nos merezcamos la ofensa, aprenderemos del incidente, pero si no lo hicimos, deberemos olvidarlo.

Recuperando la autoestima

A menudo la gente se mete en discusiones defensivas cuando se encuentran con la crítica. Es realmente difícil digerir pacientemente la crítica relacionada con nosotros. Cuando nos exponemos a la autocrítica, con frecuencia nos volvemos defensivos y encontramos formas para justificar nuestras acciones. Lo mejor en ese momento sería quitarnos la máscara defensiva y aceptar los riesgos con sencillez. Sería bueno siempre admitir nuestros propios valores en lugar de estar a la defensiva. La mejor forma para aceptarnos sería hablar bien para nuestro yo interno, tanto para nosotros como en voz alta. Además de ser generoso para otros, es fundamental ser generoso para uno mismo también. "Piensa en lo que tienes en lugar de pensar en lo que te falta", dijo Marco Aurelio hace mucho tiempo. Ahora recuerdo un breve diálogo que tuvo lugar entre dos amigos que conocí hace un par de años cuando trabajaba en África occidental. Ellos estaban empleados en el mismo departamento de la universidad. Uno de ellos que estaba comparativamente más saludable (no gordo), solía trabajar muy duro para perder algo de su peso. Una vez, mientras se presionaba físicamente fuerte en el campo de juego, el otro amigo llamado Garry, por casualidad también estaba ahí y comenzó su conversación:

Garry, he intentado muy duro por años bajar de peso pero no he sido capaz de conseguirlo ni un poco, dijo la persona más saludable.

¿Por qué no te aceptas como eres? Respondió sonriendo Garry.

Es realmente tan difícil para la gente aceptarse como son. En lugar de eso, hablan muy mal de ellos mismos, lo que no los ayuda de ninguna forma. Más bien lo hacen bajo sus propios ojos. Como resultado, lleva a muchos problemas psicológicos. Cuando uno falla en la vida, con frecuencia siente que no tiene que dar a los demás. Por el contrario, tiene mucho que dar al mundo. Por lo tanto, uno debe creer que puede traer a su vida algo de belleza, dar forma a lo que más tarde se verá.

Es un hecho básico de la vida que todos fallamos en diferentes ocasiones en la vida. También es cierto que retrocedemos de nuestro yo normal cuando fallamos. Continuamos acusándonos por nuestras fallas. A menudo hablamos de nuestros errores y hechos equivocados sin tener en mente que la persona a la que le estamos contando las cosas estará menos preocupada por esos detalles; eso no nos va a ayudar de ninguna forma. Un buen amigo puede escuchar nuestros problemas por un tiempo considerable, pero cuánto en realidad estará interesado en hacerlo. Con frecuencia hablamos de nuestras desgracias para conseguir la simpatía de otros y compensar nuestra situación, pero nunca ocurre. Mientras más hablamos de nuestras desgracias o defectos, peor nos sentimos por dentro. Lo mejor bajo esas circunstancias sería dejar de invitar a esos pensamientos que renuevan nuestro dolor. Sería mejor aun olvidar y perdonar a aquellos que fueron los instrumentos para traer nuestras desgracias.

Nuestro próximo paso será pensar cómo adquirir la autoestima perdida olvidando todo tipo de adversidades y comprando algún tiempo para nosotros. Necesitamos tiempo para nosotros. Uno de mis buenos amigos siempre pide que lo dejen solo cuando se siente disgustado a causa de una situación difícil ocasionada por otros. Además, siempre es bueno encontrar una persona realmente compasiva a quien le podamos hablar desde el fondo de nuestro corazón. La muerte visita cada hogar de vez en cuando. Cuando perdemos a nuestros seres queridos, nos sentimos perdidos y deshechos; es tal vez el mejor momento de encontrar a un verdadero amigo que pueda compartir nuestro dolor y nos reconforte. El tiempo es el mejor sanador si estamos alertas, si no nos lamentamos por cosas que no podemos reparar, si sabemos nuestros puntos buenos y tratamos de recobrar la fuerza, seguramente podemos recuperar nuestra autoestima y nos sentiremos mucho mejor con el tiempo. Es una de las muchas formas de conseguir la paz mental y también la felicidad.

Las sorpresas ocurren

Las sorpresas ocurren en la vida de todos puesto que todos tenemos ojos para ver claramente. Mucha gente cree que los milagros o los eventos sorpresivos vienen de ser misterioso o el más grandioso, lo que trae alegría inesperada y fuerza de vez en cuando. Este tipo de creencia se ha perpetuado desde los albores de la humanidad. Moisés escuchó la profecía de Dios en los Diez Mandamientos. Hubo profecías para el nacimiento de Cristo y Krishna. Tal vez, en los tiempos de antaño –hace mucho tiempo de eso–, la gente solía escuchar las profecías. Dios parecía ser más amable con esa gente y siempre expresaba Su deseo de hacerles actuar de acuerdo a las reglas del cielo. Esas profecías no se escuchan más estos días, pero los milagros o las sorpresas esperanzadoras que las hacen ocurren en nuestra vida. Recuerdo un hecho en mi propia vida; una vez, cuando por primera vez visité Alemania, tuve que interrumpir mi viaje en Frankfurt. El aeropuerto está debidamente conectado con el servicio de tren. Mientras bajaba por la escalera eléctrica hacia el tren, mi pesada maleta se resbaló de mis manos. Comencé a desplomarme hacia una señora mayor que estaba parada un poco más lejos de la escalera. Mientras la maleta adquirió velocidad, la dama comenzó a gritar. Ni siquiera tuve fuerza o tiempo para detener la maleta que caía. Todo lo que pude hacer fue rezar mucho para salvar a esa mujer. Apenas habían pasado unos segundos en que la maleta casi alcanzó a la señora, pero de repente la maleta se detuvo dramáticamente sólo a un paso de ella. Mientras gritaba, todos comenzaron a ver hacia la maleta. Después de que se detuvo sola, la recogí y me deshice en disculpas con la señora; ella no dijo una palabra porque aún estaba asustada, sólo me lanzó una mirada tranquila y vergonzosa que sólo transmitió que se había salvado. Si no hubiera sido así, hubiera habido un gran desastre.

Tal vez los milagros ocurren para renovar la fe en Dios y para traer esperanza a la gente que sufre y que cree en Él.

Los milagros ocurren casi a diario si intentamos entender Sus formas. En este caótico mundo que está agobiado con cientos de tipos de máquinas, equipo y carros rápidos, motocicletas y aviones, es posible que el desastre suceda cada segundo. Aunque mucha gente intenta aguantar las reglas; hay mucha gente a la que no le preocupan las reglas. Tal vez sea la voluntad de Dios que el porcentaje de accidentes es muy escaso a pesar de un buen número de gente que rompe las reglas.

Es bien conocido por nosotros cómo los milagros o cosas sorprendentes cambian la vida del hombre. La historia de Angulimal –un demonio como humano que mataba a la gente y usaba la guirnalda hecha del dedo índice de la mano que cortó a un muerto– está conectada con la leyenda de Buda. Cuando Angulimal vio a Buda, corrió tras él, pero para su gran asombro, vio a Buda mucho más adelante de él. Cuando Angulimal estaba totalmente cansado, gritó: "¡Detente cobarde!, ¡te mataré en un instante!". El Gran Buda le sonrió y dijo; "eres tú quien corre, no yo". Eso trajo un tremendo cambio a la vida de Angulimal. Se rindió ante Buda y cambió los caminos de su vida.

Whitman aconseja dar la bienvenida a los milagros porque ayudan al hombre a presentar un sentimiento de renacimiento –renacimiento de la confusión, de la fatiga o fracaso y decepción. Si tenemos problemas– dejémoslo lejos visitando la playa, un templo o la cima de una montaña e intentemos escuchar a las voces de adentro. Si dejamos los asuntos insignificantes detrás de nosotros y transportamos nuestro ser a un plano más alto a través de la meditación o rezos, tal vez la mayoría de las nimiedades fracasarán por sí mismas. Cuando Cristo era llevado a la cruz, Sus manos y pies estaban clavados. Él debió haber sufrido una cantidad tremenda de dolor durante toda esa terrible experiencia de llevar la cruz. Para compensar su dolor y tortura constante de parte de los soldados, Él simplemente oró y buscó el perdón para toda esa gente que lo hizo sufrir. Aunque no es un hecho registrado, Sócrates también debió haber orado al momento en que le dieron la cicuta. ¿Qué ocurre con quienes sufren de cáncer y les dicen que su vida casi llega a su fin? Seguramente reúnen la fuerza para orar. Si no, se volverían locos al pensar en una muerte inminente.

Así, las oraciones enriquecidas con el perdón pueden traer tremenda alegría a quienes desean salir de su oscuridad. Además, uno necesita ver a su alrededor también. El mundo hermoso de la naturaleza siempre está cerca. Hay flores, ríos y arroyos que nos dan el mensaje de tranquilidad, paz y alegría infinita. Hay tanto en este mundo que cada día, si le damos gracias a Él por cada cosa buena que nos ha dado, sería mucho menos a cambio. ¡Cómo van y vienen las estaciones del año, caen gotas del cielo, la luz llega del sol! Él nos ha dado una gran variedad en la naturaleza totalmente gratis. ¿Podemos regresarle los regalos de la naturaleza que Él nos ha dado desde el principio de la vida?

Si vemos las recompensas de la naturaleza, encontraremos que a cada paso hay sorpresas para nosotros. La naturaleza nos da tantas cosas cada día sin ningún deseo de tomar nada de nosotros. Si la naturaleza puede llenarnos de cosas sin ninguna expectativa, ¿por qué no podemos perdonar a la gente sin ninguna condición? Es fundamental recordar que el perdón ciertamente nos ayudará a olvidar nuestras heridas compensando nuestra ceguera y dándonos a cambio alegría infinita.

Siete

La meditación y las oraciones son trascendentales

No es necesario que cuando uno está meditando también ore o que ore cuando medita también. Estos son dos diferentes aspectos de la vida humana, pero con frecuencia la gente los mezcla; creen que el tiempo de orar es también de meditación o digamos que la oración se realiza sólo mientras uno está meditando. Intentemos conocer más acerca de estos dos aspectos por separado. Consideremos primero la meditación.

El arte de la meditación tiene raíces más profundas en la mayoría de las culturas.

Tanto si es un mundo de gente más avanzada como si es de los menos desarrollados, la meditación ha sido utilizada por la mayoría de la gente como forma de orar o para concentrarse en cosas y asuntos que requieren atención urgente. Un diccionario define la meditación como la "reflexión ininterrumpida" y también como "la aplicación continua de la mente a la contemplación de alguna verdad religiosa, misterio u objeto de reverencia". El término meditación también se usa para describir varios estados de contemplación de la cual pueden surgir nuevas nociones. (De una forma u otra, dichas actividades de los humanos son antiguas y universales como la raza humana.)

Mientras uno medita, uno se siente cerca a sí mismo, es una forma de recordar el yo interno en un ser completo mientras uno se esparce a causa de varios intereses y deseos. De este modo, la meditación es también altamente útil; se está utilizando recientemente para reducir la tensión y para controlar la hipertensión. Uno de mis amigos cercanos, que ahora está retirado del departamento de filosofía de una Universidad importante en India, me dijo que la meditación le ayudó a cambiar su vida tremendamente. Concluyó que había estado meditando por años y como resultado no sólo había sido capaz de resolver problemas fuertes de su vida, sino que también pudo soportar la pérdida de su amada esposa que murió en la flor de su juventud debido a un paro cardiaco. Entonces la meditación es muy útil en la vida. Pero sea lo que sea, aún necesita examinarse.

¿Qué es la meditación?

De hecho, el término "meditación" ha sido un legado del oriente. Se dice que los yoguis y gurús usaban la meditación como medio para descubrir, ir más allá y experimentar lo sobrenatural. Analicemos este término primero en los antecedentes filosóficos. Jiddu Krishnamurti, un metafísico analítico de oriente, no cree en el procedimiento meditabundo utilizado por los yoguis y gurús. Él sostiene que la meditación no es un método, ni podría ser un sistema. Practicar el método supone la repetición. Si uno la repite todos los días, la mente se vuelve mecánica. Cuando uno puedo ver claramente lo que implican esos procedimientos mecánicos y tradicionales, repetitivos, uno puede detestar hacerlo. La repetición simplemente hace el proceso indiferente. No involucra la inteligencia. Una mente sin brillo puede hacerlo tranquilamente por medio de la repetición de las palabras. Una mente superficial, asustada, ambiciosa o codiciosa simplemente permanecerá superficial. Por lo tanto, la repetición sólo es practicar algo. No es meditación.

Krishnamurti comienza primero contra las manecillas del reloj para explicar cómo uno necesita proceder mientras medita. Él dice:

"La meditación no es seguir ningún sistema; no es la repetición constante y la imi-

tación. La meditación no es concentración. Es una de las tácticas favoritas de algunos maestros de la meditación para insistir con sus pupilos a aprender la concentración, que es arreglar la mente en un pensamiento y expulsar todos los otros pensamientos".

Si la meditación no es imitación ni concentración, entonces ¿qué es? ¿Qué implica la meditación? Krishnamurti cree que la meditación demanda una mente impresionantemente alerta; la meditación es el entendimiento de la vida en su totalidad en la cual cada forma de fragmentación ha cesado. La meditación implica el despertar de cada pensamiento y sentimiento que no se juzgan si están bien o mal, sino que simplemente se observan; en esa observación uno comienza a entender todo el movimiento del pensamiento y el sentimiento. Por esta conciencia el silencio viene a la mente. Cuando la mente consigue el "silencio", está en un proceso meditabundo.

Explicar esto significa ir más lejos; Krishnamurti declara que la meditación es ese proceso en el que el mediador está completamente ausente. Es ese estado de la mente en que la mente misma se ha vaciado a sí misma del pasado. La meditación es un estado mental que ve a cada cosa con completa atención, totalmente, no sólo partes de ella. Y nadie puede enseñarnos cómo prestar atención. Si algún sistema nos enseña cómo hacerlo, nosotros estamos atentos al sistema. No es atención.

De esta forma la meditación es uno de los artes más grandes en la vida –quizá el más grande que uno posiblemente no puede aprender de otros. La gente que medita de acuerdo a los sistemas establecidos, con frecuencia se aparta un momento del día para meditar; lo hacen bajo condiciones especiales. Pero Krishnamurti sostiene que no tiene principio ni fin. No se hace fuera de las condiciones de la vida diaria. No es algo que uno puede hacer deliberadamente. Para confirmar lo que Krishnamurti ha recomendado sobre la meditación, recuerdo un incidente que ocurrió hace aproximadamente treinta y cinco años.

Un renombrado religioso casualmente se detuvo unos días en una ciudad en que yo estaba completando mi segunda maestría. A veces la gente está tan loca que en su deseo por ir al cielo les gusta ver a su *gurú* tan seguido como sea posible. Mientras la gente empezaba a aprender acerca de la visita del santo *gurú* en su ciudad, se pusieron impacientes por verlo. Cada día tenía visitantes desde el amanecer hasta la medianoche. Como resultado, el mendigo no tenía tiempo para él. La mayoría del tiempo, aún muy tarde en la noche se veía gente sentada esperándolo, preguntando el procedimiento de conseguir la salvación. Una vez, cuando estaba ocupado con los visitantes, un amigo mío que había ido a verlo muchas veces, le preguntó: "Señor, se ha informado que la gente se reúne a su alrededor desde la mañana hasta la media noche. ¿Cómo consigue el tiempo para sus oraciones?", el amable mendigo sonrió por un rato y respondió en voz baja: "Normalmente no rezo. A veces no lo hago".

Mi amigo quedó asombrado por escuchar la respuesta pero su curiosidad no cedió; continuó después de un rato: "¿Cómo se hace llamar religioso de alto mando cuando no reza normalmente?". El yogui se quedó callado por unos minutos y luego respondió de forma solemne: "No me hago llamar un gran *yogui* y no rezo de manera regular. Rezo sólo cuando realmente siento ganas de hacerlo". Creo que el religioso respondió la pregunta bastante bien. Uno no puede forzarse a rezar. De forma similar, no es un asunto de práctica sino un deseo de meditar lo que permite a uno hacerlo correctamente. En ese deseo no se involucra el ser. Actúa como un extraño, sólo como un espectador.

Por lo tanto, la meditación significa observar, tanto el mundo subjetivo como el objetivo; es ver, observar y escuchar sin palabras. Esa observación no involucra ningún comentario u opinión. Es un proceso en el que la mente está continuamente vaciándose a sí misma de los pensamientos y experiencias pasadas, permitiendo al sistema de la conciencia fluir libremente.

Definiendo la meditación más lúcidamente, Krishnamurti explica que es una intensificación de la mente, que es la totalidad del silencio. El silencio o quietud de la mente no es como algún animal domesticado, asustado o disciplinado. La mente es como las aguas que aún están tranquilas. Esa quietud no es sólo en la superficie cuando el viento muere, sino que tiene vida y un movimiento propio relacionado al flujo de la vida que hay afuera.

El proceso que involucra

Cualquiera que sea el punto de vista que la gente tenga acerca de la meditación, una cosa es cierta, que involucra la concentración; hay que sentarse tranquilamente en un lugar tranquilo, sin que lo molesten y sin ruido. Si hay un cuarto separado disponible para ello, perfecto, si no, entonces uno puede meditar también en el estudio. El cuarto para meditar debe estar ventilado, amplio y tranquilo. No hay reglas difíciles y rápidas para sentarse en una posición de flor de loto para ello. Uno debe sentarse como le guste. Lo importante es que se sienta cómodo cuando comienza la meditación.

Cuando visité el templo de Vivekananda en Cabo Camorin, la última punta de la tierra en el sur de India, fui al cuarto de meditación del templo. Había como veinticinco o treinta personas meditando en el cuarto; el cuarto estaba ventilado, limpio e iluminado con luces tenues. Mientras la gente meditaba, a nadie se le permitía hablar. Estuve ahí por unos minutos y encontré una extraña serenidad, que no existe comúnmente en un ambiente lleno de ruido, luz y clamor de la gente.

Ardis Whitman tiene unas cuantas recomendaciones para quienes meditan; "Cualquiera que quiera meditar bien debe reservar un tiempo tranquilo cada día, por lo general media hora y se debe hacer de forma consistente". Whitman también cree que el lugar de meditación es de gran importancia. Mucha gente medita mejor en una iglesia o templo vacíos. Se puede ver a gente con experiencia en meditación por lugares naturales, como un bosque, una playa solitaria. Es importante que uno deba estar solo cuando medita. Lo más importante es la actitud de quien medita. La mayoría de las técnicas de meditación ayudan a buscar un estado de franqueza, de armonía interna y autoconocimiento elevado. Cuando la mente está cargada con problemas es a través de la meditación que uno puede analizarlos paso a paso y encontrar formas de esparcirlos. La persona no necesita sentarse con las piernas cruzadas sobre el piso; puede elegir, en vez de eso, sentarse derecho en una silla con la espalda recta.

Cualquiera que sea el caso, la meditación involucra la concentración mental para el autoconocimiento; sentarse en una posición cómoda en un espacio abierto que esté ventilado y sin ruido. Necesita continuidad y de quince a treinta minutos para meditar. Si se hace regularmente, sus efectos acumulativos pueden ser muchos. Consideremos sus ventajas:

Ventajas de la meditación

Cuando la meditación se practica diariamente, sus efectos positivos son muchos. La meditación no es un escape de la vida diaria como algunos pueden considerar. Es una preparación para ella. "Como los buzos de perlas, los meditadores se sumergen en el océano interno de la conciencia y la esperanza de regresar nadando a la superficie con joyas de gran valor", reflexiona Whitman. ¿Qué tipo de joyas podrían ser? Las más preciadas son las soluciones a nuestros problemas diarios. Cuando uno medita, consigue el silencio, se vuelve tranquilo; eso ayuda en dos formas, una es conseguir el silencio de la mente agitada. La otra es buscar una solución al problema que ha persistido por mucho tiempo. Por lo tanto, la meditación es una respuesta a nuestros problemas.

Existe otra gran ventaja de la meditación. Todos tenemos algún tipo de problemas psicológicos. Para resolverlos, necesitamos una nueva dirección, un nuevo camino y procedimiento. Cuando la mente está "en calma" o en un estado de "silencio" como sugiere Krishnamurti, se puede buscar fácilmente una nueva dirección. Es un proceso para el autodescubrimiento. Con poco tiempo o sin él para nosotros, estamos acostumbrados a dejarnos llevar por nosotros mismos. La meditación nos puede ayudar a unirnos con nuestro yo interno y dar una clara solución para nuestros problemas persistentes y relacionados.

Cuando estaba registrado como estudiante de doctorado en la Universidad católica de Washington, D.C., sentía que tenía muchos problemas. Mis dos hijos estaban en la educación superior en ese tiempo. Uno de los problemas importantes era financiar nuestra educación. Además de eso, no pude encontrar un buen hospedaje, tenía que recorrer largas distancias diariamente a la universidad desde mi residencia temporal. Además de todo, la presión del trabajo académico era demasiado. Gradualmente todo comenzó a romperme en pedazos. En ocasiones sentía que me volvía loco. Un día tuve el fuerte sentimiento de sentarme en algún lado y concentrarme en mis problemas. El mejor lugar que encontré fue una capilla cercana pequeña y hermosa. Mientras me concentraba en mis problemas, gradualmente encontré una solución clara para algunos de ellos. La presión comenzó a salir y sentí un gran alivio dentro de mí. Comencé a redefinir mis objetivos. La meditación puede ayudar con seguridad a encontrar nuevos caminos para nuestros problemas.

Mientras meditamos, podemos redescubrir nuestros recuerdos. Si meditamos con regularidad, se pueden revivir nuestros detalles y recuerdos olvidados; da una imagen clara del pasado y las actividades presentes. Nos da una gran ayuda para seguir el camino correcto. Buda fue iluminado a través de la meditación solamente.

Uno de los regalos más preciados de la meditación es la sensación de alegría que puede darle al meditador. Mi amigo que trabajaba en el departamento de filosofía y cuya esposa había muerto, encontró un gran consuelo en la meditación; mientras la practicaba gradualmente comenzó a ascender al reino de la paz y la felicidad. Por lo tanto, difícilmente experimentó el miedo a la soledad. No meditamos para retirarnos de la vida sino para disfrutarla. La meditación correcta puede siempre ayudar a embalsamar la mente intranquila y salvarla de su estado actual de tormento. Asimismo, a través de la meditación regular uno puede alcanzar la paz mental y como resultado, también la felicidad.

La suma total de la meditación es la conciencia elevada de nuestro ser y del mundo a nuestro alrededor. Gradualmente, con la conciencia elevada la mente se volverá totalmente tranquila en la superficie y en niveles más profundos también. Como resultado, funcionará más en el estado de conciencia que en el de inconsciencia; hará a la mente más receptiva, pasiva y le permitirá escuchar claramente. Este es el momento en que la mente "me" abandona. Si nuestra mente puede alcanzar ese estado en el que "me" abandona, seguramente ha alcanzado la conciencia total, que es el comienzo de la dicha sin final.

Hasta ahora hemos expuesto si hay un camino a la felicidad a través de la meditación. Consideremos ahora si las oraciones en realidad conducen a la felicidad.

El impacto de las oraciones

Los creyentes nunca discutirán sobre el asunto de que las oraciones no tienen impacto en los seres humanos. Son los no creyentes quienes pueden desviarse de tales argumentos. Sin entrar en detalles, consideremos los aspectos importantes de las oraciones para encontrar en qué forma las oraciones pueden inducir la felicidad en los seres humanos. Se puede explicar mejor con la ayuda de los ejemplos de la gente cuyas vidas estaban inundadas del amor de Dios. Desenterremos algunos incidentes en esa luz:

Primero, hago una cita de la vida de Yogananda, cuya referencia hice anteriormente. Mukund era su nombre de niño. Después de la autorrealización fue conocido como Yogananada. Cuando Mukund se quedó con su Gurú, Sri Yukteswar para elevarse espiritualmente, estaba profundamente deseoso de tener la visión de Dios. Rezaba mucho cada día, aún cuando no hubiera algún rastro de Dios. En ocasiones se sentía triste y decepcionado. Sri Yukteswar sabía todo lo que estaba pasando en la disciplina de su mente. Por unos días no quería interferir en su vida. Pero un día lo llamó. Mientras Mukund se acercaba, Sri Yukteswar lo tocó amablemente en su pecho por arriba de su corazón. De repente le trajo una transformación espiritual. El mismo Mukund revela cómo se sintió después de ese toque, sintió:

"Mi cuerpo se volvió inmóvilmente enraizado; la respiración salió de mis pulmones como por un tipo de imán. El alma y mente perdieron instantáneamente su lazo físico y fluyeron como una luz penetrante de cada uno de mis poros. La carne estaba tan dura como muerto; inclusive mi conciencia intensa sabía que nunca antes había estado tan vivo. Mi sensación de identidad no estaba ya estrechamente confinada al cuerpo sino que abrazó los átomos que envuelven mi cuerpo".

Como resultado de ese toque trascendió a una altura extraordinaria en la conciencia espiritual. Todos los alrededores apenas se encontraban ante él. Su visión frontal común cambió entonces a una amplísima vista esférica, todo era simultáneamente perceptivo. Experimentó una alegría oceánica dispersa sin final en las orillas de su alma. Se había dado cuenta del espíritu de Dios. Parecía que lo proveía de dicha sin final.

Cito otro incidente de la vida de Juana de Arco. Cuando estaba en el jardín de su papá, un gran brillo se extendió sobre ella. El Arcángel Miguel la visitó. Más tarde reveló que Miguel no estaba solo sino "asistido por ángeles celestiales. Me dijo que Santa Catarina y Santa Margarita vendrían a mí y que debería seguir su consejo para lo que Nuestro Señor ordenó". Sabemos el resto de la historia. Además de Juana, un sinnúmero de gente es conocida por cómo la gracia de Dios les cayó tan profundamente. Cuando rezaron, le hablaron a Él tan íntimamente que se vio forzado a visitarlos personalmente. Tomemos por ejemplo el caso de Sri Ramkrishna, quien imploró a la Madre Divina que lo visitara en persona. Esta gente embriagada de Dios está tan segura de Su gracia que nunca abriga duda alguna sobre Él. Por lo tanto, sus oraciones están recompensadas profusamente.

La historia de un hombre común que se encuentra entre la fe y la no fe, seguramente es la historia del dudoso Thomas. Ya que es difícil inclusive para una persona religiosa mostrar a Dios a su discípulo, a veces se vuelve un enigma para el discípulo continuar manteniendo la fe en Su gracia. En la necesidad de Su visión es muy posible que aquellos que tienen poca fe y poca paciencia, puedan apartarse de Él. Por lo mismo siguen toda la matanza, robos y disturbios, pero una vez que se cultiva la fe, Su gracia está obligada a caer sobre el creyente. Cito aquí un hecho verdadero que tomó por asalto mi menguante fe y devolvió mi creencia en Él.

Eran mediados de los setentas cuando trabajaba en Nigeria, en África occidental. En una ocasión mientras regresaba a Nigeria con mis dos pequeños hijos y mi esposa después de disfrutar unas largas vacaciones, escogí mi camino vía Roma y al llegar ahí, nos enteramos que el vuelo de conexión había sido cancelado a causa de una falla técnica en el avión. Cuando me acerqué al agente nigeriano en el aeropuerto, buscó en la lista de pasajeros para verificar nuestros nombres y me cayó mal que me dijera que nuestros nombres no estaban en la lista. Luego sonó como una persona profana y confundida; "desviaré a todas las personas que se suponía que tomarían el vuelo cancelado, excepto a ustedes".

Ese tipo de plática fue aplastante para mí. El agente parecía estar loco pues pensó que obtuve mi reservación del vuelo de conexión por medios fraudulentos, lo cual no era verdad. Nunca apruebo recursos de formas engañosas. Ya que mi esposa y mis dos hijos pequeños viajaban conmigo, tuve la extrema precaución de finalizar cada detalle relacionado al viaje a Nigeria. Muchos días antes de la fecha del viaje, había confirmado la reservación con British Airways en Nueva Delhi. Como tenía que retomar mis actividades dos días después de mi llegada, nunca concebí recurrir a la trampa.

Por cortesía de la aerolínea nos dieron dos cuartos en el hotel del aeropuerto en Roma, en donde se llevaba a cabo una convención cristiana durante esas fechas. Por lo tanto, unas horas más tarde el gerente del hotel comenzó a insistir en que desocupáramos los cuartos lo más temprano posible. Para agregarle a mis dificultades, mi hija de doce años que tenía un poco de fiebre el día del viaje, comenzó a ponerse más enferma. Al día siguiente de nuestra estancia en Roma, su fiebre se disparó a 105 grados.

La oficina de reservaciones estaba a casi 25 millas de distancia del hotel. En un lapso de veinte horas, fui con el agente de la aerolínea un par de veces, pero me decía que como mi reservación era falsa, no me podía ayudar. No escuchó ningún tipo de argumento sensato. Él era el menos preocupado por la salud de mi hija. Con muy pocas divisas a mi disposición y sin ningún tipo de ayuda extendida por la Alta Comisión de India en Roma, ni extensión alguna de visa para permanecer unos días más en Roma hasta que mi hija estuviera bien, estaba totalmente en bancarrota. Lloré desesperadamente y levanté los brazos hacia el cielo a mitad de un mercado muy concurrido para invocar Su ayuda. Eran casi las 3 en punto de la tarde cuando le recé a Él con sincera intensidad mezclada con sufrimiento y agonía. La gente debió haber pensado que estaba loco, por lo que me ignoraron. Después de un rato recobré la compostura y regresé al hotel, mientras vino una idea a mi mente;

"¿Por qué no ver nuevamente al agente?". Cambié mi ruta y tímidamente me fui con el mismo agente. Contrario a mis expectativas, el agente estaba quizá esperándome, pues me hizo señas. Mientras me acercaba a él, me dijo que había desviado nuestros boletos para el siguiente vuelo disponible, que despegaría en tres horas. Recogí mis boletos y me apresuré hacia el hotel. Mientras hacía arreglos para llegar al aeropuerto un poco antes de que despegara el vuelo, le pregunté a mi hija cómo se sentía y me dijo que mucho mejor. Ese pequeño hecho cambió mi tambaleante fe y me llevó de las regiones de la falta de fe a la tierra de la fe.

Pudo haber sido mera coincidencia que después de dos días, el agente de Nigerian Airlines se viera obligado a darnos nuestros boletos. Pero así como pasaron las cosas, sembraron algo profundo en mi mente. Me sentí totalmente aliviado y feliz cuando todo terminó. Mi hija también se recuperó a las pocas horas. Se despertó en mí una sensación de agradecimiento. Aún no creo que todo fue una mera coincidencia; las oraciones seguro tienen su recompensa.

Ahora recuerdo una historia verdadera publicada en el Rider's Digest hace mucho; la historia tenía como título: "Las oraciones siempre tienen su recompensa". Es acerca de una mujer que se volvió ciega por tropezar con un objeto doméstico; se golpeó la sien izquierda contra una columna y se quedó ciega para siempre. Ningún tratamiento le devolvió la vista. Gradualmente, aprendió a caminar por la casa y hacer sus deberes. Durante sus días de oscuridad con frecuencia se consternaba y asombraba, pues creía que era una buena persona que nunca causó daño a nadie. Cada vez que se sentía desolada, oraba fervorosamente y buscaba Su perdón si en alguna ocasión pecó y no lo recordaba. Pasaron quizá más de diez años así; un día se despertó más temprano y después de ofrecer sus oraciones, se dirigió al baño pero se tropezó nuevamente contra una pared y cayó. Después de un momento se incorporó y continuó caminando; de repente se dio cuenta que había recobrado la vista. Su felicidad no tenía fin; de inmediato se arrodilló en el piso e imploró al señor en medio de llantos y sollozos; sus oraciones constantes finalmente habían sido recompensadas.

Alguien que no es creyente debería tomar el incidente meramente como coincidencia. Una persona puede recuperar la vista si se golpea la sien, de la misma forma en que se golpeó cuando perdió la vista, pero ¿es un fenómeno común? ¿Cuántas historias de ese tipo se pueden inventar para convertir a la gente de no tener fe a tenerla? Tal vez no muchas. Aun así la gente se refugia en tareas pecaminosas y contra la sociedad. Las oraciones seguramente tienen un tipo de regreso positivo. Examinemos algunos de ellos.

Momentos de alegría

Rezar restaura no sólo la debilitada fe, sino que da consuelo interno que emite la serenidad constante y felicidad. "Una alegría oceánica irrumpió en las orillas de infinita calma de mi alma", reflexiona Yogananda cuando sus oraciones fueron recompensadas. Cuando Ramkrishna tuvo una visión de la diosa Kali después de tres días de ayuno y oraciones, se quedó inconsciente por horas y sintió un tipo de alegría inusual que nunca antes había presenciado.

A menudo la gente reza para aliviar sus penas. Luego rezan constantemente conforme a su creencia de que serán grandemente recompensados y redimidos si rezan de corazón. Esta creencia en sí es fortificante. Da una sensación de paz y seguridad.

Las oraciones permiten a una persona atormentada recobrar la compostura contra sus circunstancias irregulares y le dan la fuerza necesaria para luchar contra las desavenencias. Inclusive Jesucristo oró cuando estaba siendo crucificado y torturado. Sócrates oró antes de que le dieran la cicuta. Meera oró cuando le dieron la copa de veneno. Cuando quemaron a Juana de Arco, oró para recobrar la fuerza y encontrar su fin pacíficamente. La mayoría de la gente ora cuando están en circunstancias difíciles. Son recompensados "adquiriendo fuerza" y una "desarrollada percepción". Eso les trae el pensamiento correcto y, de ese modo, nuevas soluciones a sus problemas.

Las oraciones traen conciencia espiritual y dan el significado correcto para el alma errante. Las oraciones son el medio por el cual uno puede tener lazos directos con Él. Mientras más cerca se sienta uno durante las oraciones, más se acerca a él. En esta cercanía se encuentra el Reino del cielo. Esa cercanía da la elevación espiritual más codiciada. Cuando uno alcanza la elevación correcta, uno disfruta la felicidad sin final.

Seguramente uno puede desarrollar la introspección espiritual no retirándole del mundo como muchos erróneamente creen, sino dentro del marco del mundo material, que es la propia creación de Dios. Para entender la esperanza de Cristo para los hombres, quienes añoran poseer el Reino de Dios dentro de ellos, leamos el Sermón de la Montaña, que encomienda:

Benditos los pobres de espíritu, porque de ellos es el reino de los cielos.

Bienaventurados los que lloran, porque ellos recibirán consolación.

Bienaventurados los mansos, porque ellos recibirán la tierra por heredad.

Bienaventurados los que tienen hambre y sed de justicia porque ellos serán saciados.

Bienaventurados los de corazón limpio porque ellos verán a Dios...

En alguna ocasión cuando atendía una junta de oraciones en un "Templo de todas las religiones" en Houston, Texas, escuché a un monje errante conduciendo el servicio. Después de una canción devota que cantó como preludio a su sermón, declaró desde el fondo de su corazón: "La gente reza diariamente en la iglesia o el templo, pero ¿cuántos de ellos sienten algún tipo de cercanía hacia Él? Cantar unas canciones de las escrituras significaría solamente hablar sin significado. ¿Hemos sentido que hemos alcanzado Sus pies con la cabeza inclinada, desde adentro sin hacer ningún movimiento físico?". Lo que quiso decir con eso fue que aunque mostremos reverencia a Dios con nuestros movimientos físicos, difícilmente tratamos de alcanzarlo desde adentro. En ese movimiento interno está la alegría más grande de nuestra vida. Es la única misión del alma. Debería ser nuestra única meta en la vida.

◆●◆

Ocho

¿La felicidad es un mito?

Cuando Gautama Buda dejó su casa a mitad de la noche, dejando atrás a su hermosa esposa, Yashodhara y a su hijo de un año, Rahul, estaba totalmente consternado y desconcertado. Dejó su hogar porque había descubierto que hay sufrimiento en este mundo. Qué tan extraño es que hasta que Siddhartha Gautama se casó muy joven con una linda princesa, no sabía que el hombre muere o se enferma también. Cuando lo aprendió, se puso extremadamente triste. Pronto comenzó la búsqueda de la dicha permanente. Años de arduo trabajo, meditación regular, hambre, enfermedad, sin ropa y constantes andanzas en los bosques en búsqueda de su misión, finalmente se le ofreció lo más codiciado; consiguió lo que deseaba y dejó un camino para que nosotros lo siguiéramos si en verdad lo deseábamos. Seguramente debe ser un camino a la eterna felicidad. Si uno lo sigue, no puede perderlo. Así que la felicidad inconmensurable no puede ser un mito. Cuando Buda la consiguió, ¿por qué otros no pueden hacerlo?

Pero aún no alcanzamos su periferia en toda nuestra vida; la mayoría de nosotros somos incapaces de alcanzar esa meta porque practicamos lo opuesto a lo que se nos ha dicho. Como hay corrientes dolorosas en nuestra vida, el objetivo cambia a cada momento. Con la presión diaria del trabajo, el deseo de obtener más y adquirir más abundancia material, comenzamos a correr hacia diferentes direcciones –direcciones que nunca producirán consuelo real a nuestros corazones. Es la historia de todos nosotros.

¿Cómo podemos desear un objetivo de "felicidad continua" cuando nuestro objetivo no es adquirir ese tipo de felicidad? Los sentimientos de codicia constante, envidia, preocupación continua y culpa sin final nunca nos dejan buscar lo que deseamos conseguir en el largo camino de nuestra vida. En ese caso el logro de la felicidad en un corto lapso de tiempo, se vuelve imposible, pero este imposible se puede derrotar y adquirir la felicidad si entendemos claramente que ir detrás de la felicidad efímera no nos llevaría a ningún lado.

Hagamos cosas más lúcidas con más explicaciones. Primero comenzamos con el entrenamiento de la mente. Sin un entrenamiento adecuado, nadie puede concebir la idea de la felicidad. Mientras discutimos el aspecto del entrenamiento mental, me gustaría reflexionar acerca de unas enseñanzas importantes del gran Buda, cuyo genio pudo alcanzar la profundidad de los problemas que impiden al hombre conseguir la autorrealización. Si la mente puede detener cuatro tipos de hechos incorrectos, puede tranquilizarse fácilmente. Examinemos primero esos cuatro tipos de acciones equivocadas que no dejan a la mente conseguir el silencio:

Cuatro tipos de acciones incorrectas

Christmas Humphreys, analizando la ideología budista en su *Camino budista*, indica cuatro tipos de hechos incorrectos. Estos son:

1. Debilidad de decisión o motivo y falta de fuerza de voluntad para actuar correctamente.
2. Desperdicio de los esfuerzos de la mente haciendo movimientos innecesarios, como reaccionar al estímulo externo sin gustos o cosas que nos disgustan; reaccionar al miedo o a la esperanza y preocuparse por razones no definidas. Esto ocurre cuando la mente está más

inclinada a lo emocional. Esa mente queda exhausta al final del día.

3. Falta de control mental para los acontecimientos externos. Cuando uno está viajando, uno ve anuncios, a los transeúntes y los sucesos y reacciona a ellos.
4. El hábito de interferir en lo que no debemos. No involucrarse con el trabajo y quedarse en la pereza e ignorancia del deber.

Si vemos más de cerca los preceptos anteriores, encontraremos que si uno trata arduamente, detendrá las acciones incorrectas. Es muy cierto que con frecuencia nuestra mente se involucra con los asuntos con los que estamos menos preocupados. Como resultado, continuamos reaccionando a ellos y desperdiciamos la energía de la mente. ¿Con qué frecuencia la gente discute asuntos que están totalmente desligados de ellos? En ocasiones reaccionan a la situación, que ha estallado a causa de diferencias políticas o religiosas. Por lo tanto, la alteración constante a la soledad interior continúa.

Jiddu Krishnamurti considera la "soledad interior" muy importante, pues implica la libertad del ser, la libertad de continuar y funcionar. En nuestra vida hay poca soledad porque aun cuando uno está solo, está rodeado de muchas influencias, recuerdos, experiencias, ansiedades y conflictos. Como resultado, la mente se vuelve más pesada y menos sensitiva. Desafortunadamente, por lo general llevamos nuestras cargas todo el tiempo, nunca las dejamos atrás. Si ponemos toda la atención al problema y lo solucionamos de inmediato, hay soledad. Entonces, aun si uno viaja por tren o autobús y vive en una casa concurrida, uno puede tener soledad. Quien tiene soledad tiene tanto una mente fresca como inocente. Uno puede fácilmente ver que **cuando la mente de alguien está en silencio hay una posibilidad de claridad**, pero no puede hacerse fácilmente. A menos que uno ponga las bases para una mente tranquila liberándose del miedo, del dolor y la preocupación, no puede tener soledad mental. Por lo tanto, uno de los procedimientos preliminares para alcanzar el dominio de la felicidad es entrenar la mente para detenerla de las acciones incorrectas.

Además de detener esas cuatro acciones incorrectas, la mente necesita adquirir otras cosas también para alcanzar el estado de silencio. Una de ellas es el conocimiento del yo. Discutámoslo en una extensión considerable para entender claramente el asunto.

Autoconocimiento

Jiddu Krishnamurti relaciona el autoconocimiento a los problemas humanos universales de inseguridad, confusión e incertidumbre. Estos problemas no permiten al individuo ver su yo de cerca. Él afirma que estos problemas no se deben ver por separado, sino como un todo, pues se relacionan a todo el problema del vivir, que incluye "el ir a la oficina, la familia, el amor y el sexo, las ambiciones, los conflictos o la verdad" o cualquier nombre que uno pueda darle.

El primer paso para resolver los problemas es saber cuáles son nuestros problemas en lugar de cómo solucionarlos. En cuanto entendamos cuál es el problema, este tipo de entendimiento provoca sus reacciones. He visto a gente discutir acerca de problemas pero no intentan saber cuáles son sus problemas. Es muy importante aprender cuál es el problema real. La mayoría de nosotros ve al problema con conclusiones, sin suposiciones, pero sin preocuparse de ver o explorar cuál es el problema. Si podemos hacer eso, entonces gracias a esa exploración y observación, llegará a nosotros un adecuado entendimiento. Ese entendimiento será un tipo de acción en sí, no una conclusión.

Este tipo de entendimiento no se adquiere tan fácilmente porque todos estamos propensos a algún tipo de prejuicio. Vivimos en un mundo preconcebido, lo que no nos permite asomarnos a él. Las nociones preconcebidas nos mantienen en la incertidumbre que nos espera todo el tiempo. Por lo tanto, es absolutamente imprescindible conocernos a nosotros mismos antes de desear resolver nuestros problemas.

Los grandes pensadores como Sócrates y Krishnamurti sugirieron procedimientos simples para conocer el yo. **Primero, entenderse a sí mismo, debe existir la intención de entender.** Ahí está toda la dificultad, aunque la mayoría de nosotros estamos descontentos y deseamos provocar el cambio repentino en nosotros mismos, estamos propensos a ver lo que deseamos ver. Este no puede ser el camino para descubrirnos, **pues para eso se requiere una buena y fuerte intención para buscar e investigar.** Un deseo casual para encontrar o para conocerse a sí mismo sería muy poco significativo. Si uno quiere conocerse a sí mismo, debe haber conciencia, alerta mental en la que haya libertad de todas las creencias, libertad de cada tipo de idealización. Las creencias y la idealización dan color que previene la verdadera percepción. Uno cree que tiene un alma inmortal, o que no existe. Uno cree que el universo ha crecido por una evolución gradual, o que existe el cielo o el infierno. Podría ser cualquier tipo de creencia que puede tener la persona, tan firmemente que nunca querría salir de ella. **Para entender, todo lo que uno requiere es una extraordinaria percepción, que demanda honestidad y claridad de pensamiento.** El creer nunca nos llevaría a conocer la verdad. Si uno está lejos de la verdad no puede ser feliz.

Si el autoconocimiento se adquiere a través del adecuado entendimiento, también se pueden encontrar las soluciones a los problemas. Más que eso, puede llevar a disolver la confusión persistente, el miedo y la preocupación. Cuando estos obstáculos se hayan ido, el ser adquiere el silencio total, lo que es un prerrequisito para la meditación.

Con ese silencio adquirido, paso a paso, la mente trasciende a los planos más altos de la meditación. Es el único estado mental, que está lleno de serenidad y dicha total. Por lo tanto, si uno desea buscar la felicidad, debe entrenar la mente para adquirir el silencio. Para eso es absolutamente necesario mantener la mente constantemente lejos de caer en las acciones incorrectas.

Además de poseer el conocimiento del yo, hay un aspecto más importante relacionado a adquirir el silencio mental o poder de la mente. Es el entrenamiento de la mente para poseer la correcta "claridad mental" como extensión del punto de vista budista, por lo que el lector puede entender la importancia y necesidad de forma distinta.

Claridad mental

En gran medida, es verdad que las facultades mentales de dicha naturaleza, como la claridad mental, son como personalidades reales. Con frecuencia se pasan por alto o se mal interpretan. En el caso de la claridad mental, fue Buda quien descubrió su talento oculto. A través del cerebro de Buda se revela el descubrimiento de la claridad mental para indicar la verdad de que hay sufrimiento en el mundo y que el sufrimiento está enraizado en la "ignorancia" y el "ansia". Buda habló del poder de la "claridad mental" de una forma muy enfática. Dijo: **"La claridad mental que expreso, es provechosa".** Continuó: **"Todas las cosas se pueden controlar por medio de la claridad mental".**

Al hablar más sobre las bases de la claridad mental, Buda concluye así (Satipatthana Sutta):

"Esta es la única forma, monjes, para la purificación de los seres, para vencer la pena y la lamentación, para la destrucción del dolor y la aflicción, para alcanzar el camino correcto, para conseguir el Nibbana (Nirvana), concretamente los cuatro fundamentos de la claridad mental".

En la vida común, la claridad mental o atención está dirigida a cualquier objeto. Difícilmente se prolonga lo suficiente para el propósito de la observación; generalmente es seguida inmediatamente después por una reacción emocional, reflexión, pensamiento discriminativo y acción de determinación, etc. Lo que Buda quería decir con claridad mental era, "la clara comprensión del propósito correcto, de la realidad, etc." Para adquirir el "poder" real y potencial de la claridad mental, es necesario entender y cultivarla deliberadamente en su forma básica, lo que podemos identificar como "atención desnuda". ¿Qué es esta atención básica?

Por atención desnuda nos referimos a la "conciencia firme y clara" de lo que en realidad ocurre con nosotros y en nosotros en los momentos sucesivos de percepción. Se llama desnuda porque atiende a los hechos descubiertos de una percepción sin reaccionar a ellos por la acción, el lenguaje o el comentario mental. Normalmente ese estado mental puramente receptivo, es sólo una fase breve del proceso de pensamiento del cual con frecuencia casi nunca estamos conscientes. Mientras más atención se puso a la explicación del término claridad mental durante el curso de la revelación de sus poderes latentes. La atención desnuda es la clave a la práctica meditadora que abre la puerta al dominio de la mente y a la liberación final.

Las tradiciones budistas sostienen que la atención desnuda se desarrolla de dos formas:

1. Como una práctica meditadora metodológica con objetos seleccionados.
2. Se aplica hasta que se practique, a los eventos normales del día junto con una actitud general de claridad mental y clara comprensión.

Considerando las explicaciones expuestas para definir la metodología simple de la atención básica, es muy natural que el lector pueda albergar algunas dudas sobre ella. Uno puede preguntar: ¿Cómo una actitud tan pasiva de la mente puede posiblemente, llevar a grandes resultados requeridos para ello? La respuesta simple a esta pregunta podría ser: "Uno no debe confiar en las palabras de otros, sino poner esos argumentos de Buda a prueba y juzgar personalmente". Algunos aún pueden dudar en aceptar que la atención desnuda es el mejor método que finalmente lleva a Nirvana. Sólo a causa de su simplicidad radical puede parecerles extraño y muy simple alcanzar tan grandes resultados. Para aclarar sus dudas me gustaría citar las enseñanzas budistas de "Los cuatro fundamentos del poder contenidos en la atención desnuda".

Estos cuatro aspectos de la atención desnuda son los motivos principales del poder de la claridad mental. No sólo son los recursos de su fuerza sino los principales a los que se debe el valor de este método del desarrollo mental. Estos cuatro aspectos son:

1. Las funciones del "ordenar" y "nombrar" lo ejercitado por medio de la atención desnuda.
2. Es un procedimiento no codificado y no violento.
3. La capacidad de dejar de detener y reducir.
4. La franqueza de visión hecha por la atención desnuda.

No me gustaría entrar en detalles acerca de la atención desnuda de la claridad mental. Desde su punto de vista útil en relación a la conquista del silencio mental y prácticas meditabundas, se ha discutido lo suficiente. Además, todos los aspectos de la atención desnuda enlistados más arriba en cuatro categorías están muy claros y se pueden comprender de forma distinta. Pero aun los términos "ordenar" y "nombrar" necesitan aclararse un poco más.

Ordenar

Alguien cuya mente no está fortalecida y controlada por el entrenamiento meditabundo metodológico, debe observar de cerca sus pensamientos y actividades diarias. Encontrará que cumple con una visión muy preocupante. Dejar algunas actividades y pensamientos resueltos, siempre lo haré enfrentarse con un sinnúmero de pensamientos, percepciones, sentimientos confusos, y movimientos corporales casuales. Todo eso simplemente revelará un desorden y confusión que ciertamente no le gustará tolerar. Veamos esa imagen desordenada más de cerca.

Antes que nada hay un gran número de senso-impresiones, visiones, sonidos, etc., que pasan constantemente a través de nuestra mente. La mayoría de estas percepciones casuales y sonidos son vagas y también fragmentarias. Algunas aún están basadas en percepciones imperfectas y errores de apreciación, que a menudo se vuelven la fuente de nuestros juicios y decisiones en un nivel más alto de conciencia. Todas estas impresiones casuales necesitan no ser objetos de nuestro foco de atención. Si estoy trabajando en mi estudio, ningún mueble puede desviar mi atención a menos que algo lo necesite. Aun cuando algo de eso llame mi atención sin necesidad alguna.

Además, hay algunas percepciones, pensamientos, sentimientos que tienen una conexión más cercana con nuestra vida práctica. Pero si vemos a ellos de cerca, encontraremos que muchas de estas percepciones están en un estado de confusión total. Cientos de ideas diferentes, pensamientos y sentimientos invaden nuestra atención cada día. Muchos de estos son pensamientos e ideas interminables. Y muchos de ellos mueren prematuramente debido a su débil naturaleza innata. Si observamos nuestra mente con cuidado, descubriremos qué tan fácilmente nuestros pensamientos se desvían. Si examinamos nuestras percepciones, pensamientos y juicios promedio, encontraremos que muchos de ellos son producto de nuestros hábitos, acompañados por nuestros prejuicios del intelecto o de las emociones.

Dichos hallazgos dentro de los cuartos desatendidos de la mente traen un gran shock al observador. La fuerza interna y la lucidez mental no pueden manejar desde el relativamente pequeño sector de la mente que contiene pensamientos resueltos. El resto de la mente es sólo un patio de pensamientos confusos, sin terminar y sin ser atendidos. Es la pequeña negligencia diaria en los pensamientos, palabras y nuestras acciones ocurriendo por años en nuestra vida que es principalmente responsable de crear ese desorden y confusión en nuestra mente. Los viejos maestros budistas de gran reputación decían: "la negligencia produce mucha suciedad y polvo, hasta una pila de basura". Esta basura permanece constantemente en varias esquinas de la mente; los más peligrosos enemigos como los deseos frustrados, la avaricia, la lujuria, las pasiones desmedidas, la ira y el odio que habitan ahí. Esto se conoce como región oscura sin control de la mente (falta de luz). Los intentos por eliminar las principales disposiciones malvadas de la mente fracasarán mientras esas ideas nocivas estén enraizadas en la oscura esquina de la mente. El único remedio seguro es sólo enfrentarlo con la claridad mental y adquirir el hábito de darse cuenta de estos pensamientos primarios tanto como sea posible, i.e., para dirigir la atención desnuda. Si la distintiva luz de la claridad mental está presente, no hay espacio para la oscuridad mental. Cuando la claridad mental continua está bien establecida, seguramente va a lidiar con esos corruptos pensamientos, estados de ánimo y emociones básicos. Sólo las descartará reemplazándolas con nociones sensatas. Es una forma de mejorar las técnicas de meditación también, así como la forma de buscar un camino que lleve a la elevación espiritual y conseguir la felicidad. Esto es lo que queremos decir con "ordenando" las oscuras esquinas de la mente i.e. atención desnuda.

Nombrando

Hasta donde hemos discutido el desorden o la función reguladora de la atención desnuda, significa identificar las diferentes tierras confusas del proceso mental. Esa identificación procede de la forma de expresar "el nombre" de los procesos mentales específicos. Cuando forzamos los malos pensamientos de las esquinas mentales identificándolos (nombrándolos), no causa gracia que no puedan resistir el escrutinio. Aclarémoslo con la ayuda de un ejemplo. Cuando una persona alberga envidia contra alguien, a menudo se agita por dentro. En ese proceso en ocasiones actúa imprudentemente contra el otro y lo culpa. En ocasiones el envidioso estalla de ira. Si comienza a identificar la causa de su ira, fácilmente puede darse cuenta de que era envidia, lo que fue fundamental al crear la ira. En el momento en que lo aprenda, su corazón se podrá llenar de remordimientos. Se calmará y se deshará de su ira.

Nombrar los pensamientos o defectos como la pereza, envidia, avaricia, etc., permitirá a la mente luchar contra esos defectos. Ahí crecerá una resistencia interna contra los sentimientos repugnantes, manteniéndolos en revisión y también, y finalmente, eliminándolos. El nombrar y registrar también se extiende a los pensamientos e impulsos nobles que pueden estar alentados y reforzados por ellos. Por consiguiente, es una de las características de la correcta claridad mental.

En conclusión se puede decir que identificar y nombrar los procesos mentales es la mejor forma de prepararse uno mismo para eliminar los malos pensamientos; esto guiaría a la felicidad permanente. Si alguien es capaz de identificar sus pensamientos desordenados, seguramente puede reclamar que tiene libertad. A menos que alguien sea libre para ver las cosas claramente, uno nunca sabría la causa de porqué las nociones repugnantes aparecieron en él. Por lo tanto, la libertad del ser es un prerrequisito para aprender todo acerca de sí mismo, sus estados de ánimo y nociones también.

La libertad del ser

Es absolutamente necesario hablar de la libertad del ser en este momento para el autoconocimiento y la correcta claridad mental, pues son dos pasos importantes relacionados a la libertad del ser. De hecho, para investigar en los complejos problemas humanos, debe haber libertad desde cada comienzo. Si uno no la tiene es como un animal atado a un poste y se puede mover sólo mientras la cuerda se lo permita. Por lo tanto, la libertad del ser es absolutamente necesaria. Sin ella el yo no es capaz de percibir las cosas claramente ni puede estar consciente de las causas de sus malos humores, aunque la correcta claridad mental sea un procedimiento para detenerlos pues implica "identificar" y "nombrar".

Aunque ya hemos discutido el asunto del autoconocimiento, es imprescindible comentar que el autoconocimiento es un prerrequisito para la libertad. Si alguien posee el autoconocimiento, podrá ser capaz de entender no sólo sus propios problemas, sino también las causas que crean esos problemas. Sin tener el autoconocimiento uno puede compararse con alguien que usa unos lentes de color y ve las cosas a través de ellos. Me gusta citar a Krishnamurti para explicar este punto. Él declara:

> **Puedo tener lentes de color, puedo tener ciertos prejuicios, ciertas conclusiones que me prevendrán de mirarme a mí mismo y ver todo lo que ello implica. Así que ¿qué haré? Como estoy condiciona-**

do no puedo verme a mí mismo en completa libertad: por lo tanto, debo estar consciente de mi condicionamiento.

Para resolver el problema de la vida uno necesita iluminarse a través de la conciencia de sí mismo y entender esas condiciones que son parte del ser. Al hacerlo uno no debe consentir en la autosuposición o ningún tipo de creencia que actúe como los lentes de color. Por ello, ¿uno debe entender bien "lo que significa conciencia o autoconocimiento?".

De hecho, la conciencia es completamente diferente de la actividad. Es un proceso que comprende la clara observación y la comprensión. La conciencia simplemente significa la observación del silencio de un hecho. Dicha conciencia se requiere absolutamente si uno quiere la libertad. Necesita cultivarse a cada momento.

Krishnamurti comenta que al observar sin censura, identificación o comparación, ahí está la completa conciencia. Cuando uno está consciente, puede ver todo el proceso de pensar, así como de la acción. Cuando uno quiere entender, necesita estar en un estado pasivo. ¿Cómo puede uno entender algo cuando un piensa o cuestiona? Cuando crece la comprensión, uno comienza a entender no sólo las capas superficiales de la conciencia, sino las más profundas también. Para entender las capas más profundas es más importante pues ahí están todos los motivos, intenciones, demandas confusas u ocultas, ansiedades, deseos y miedos. Hasta que todo se haya entendido por completo por medio de la conciencia, no puede haber felicidad. Por lo tanto, por medio de la conciencia llega el conocimiento de las intenciones ocultas, motivos y demandas confusas. Mientras la capacidad de la conciencia aumenta, uno avanza hacia la libertad. La completa conciencia es libertad total y la felicidad completa también.

Diferentes caminos, un solo destino

Aunque la felicidad no es un mito, no es fácil poseer una felicidad duradera. El camino a la felicidad está lleno de impedimentos. Nuestra vida entera está llena de múltiples demandas, deseos complejos, incontables miedos y nociones repugnantes. Mientras viajamos por ello, la mayoría de estos impedimentos bloquean nuestro camino para avanzar. Estas barreras crecen en cuanto a número mientras nos falta la capacidad de abandonar las "acciones incorrectas"; ni poseemos el autoconocimiento, pues nuestra conciencia está muy limitada. En la búsqueda de la conciencia adecuada, viajamos en un camino circular y cada vez cometemos más errores o similares. Por lo tanto nuestro objetivo para alcanzar una felicidad duradera se desvía de nosotros, pero debe haber alguna forma de adquirir la felicidad. Discutamos algunos de esos procedimientos que han ayudado a la gente a conseguir la felicidad continua.

Enfoque filosófico

Si alguien estuviera vendiendo el néctar para cultivar la felicidad, posiblemente todos podríamos comprarlo para conseguirla por siempre. En su búsqueda uno tiene que viajar por el camino que no lleva a la felicidad continua, pero si en realidad estamos deseosos de conseguir ese objetivo, tenemos que trabajar para detener las "acciones incorrectas". También necesitaríamos desarrollar la conciencia de nosotros mismos para poder conocer las intenciones ocultas y pensamientos misteriosos que se cuelan sin intención en la mente. El propio conocimiento es seguramente posible si uno sabe las limitaciones que han crecido a su alrededor desde hace mucho. Con esta comprensión, y por medio de la correcta claridad mental, uno puede enderezar su camino, pero para identificar nuestras "acciones incorrectas", necesitaríamos de gran valor honestidad e iniciativa. Si uno puede desprenderse de sus limitaciones, puede ver mejor. En esa claridad de percepción está el camino para la felicidad continua.

Por lo tanto, si uno trata de conocer el ser a través de la conciencia perfecta o entenderla mediante el procedimiento de la correcta claridad mental, es lo mismo. Ambos caminos conducen al mismo destino, el destino de la dicha sin final. Desde el punto de vista filosófico, la meditación y la conciencia no son dos cosas distintas, pues ambas implican tener el silencio mental, cuyo estado es de completa libertad y dicha total.

Enfoque devoto

Pero hay otros caminos también que conducen a una felicidad duradera; es el camino de la completa entrega y de la relación íntima con Él. Ya lo hemos discutido en el capítulo de la meditación y las oraciones. Hay suficientes pruebas que aquellos que Lo buscan desde una proximidad muy cercana, seguramente lo consiguen. Es una forma más simple de conseguir la felicidad. Si Cristo pudo acercarse a Él, ¿por qué nosotros no? Si Meera, Ramkrishna, Yogananda y Santa Juana de Arco fueron bendecidos con Su visión, también nosotros podemos buscarlo. Depende quizá de la forma emocional e íntima de cada quien para invocar que Su visión pueda ser una posibilidad.

Las formas comunes del hombre

Aún hay una forma mucho más simple de asegurar la felicidad continua. Si uno cultiva el perdón, el amor y la compasión para otros, la felicidad fluirá como una corriente interminable de agua. Si uno puede quitar las cadenas mentales y aprender a disfrutar la vida aceptando las limitaciones de uno mismo, seguramente es una forma fácil de conseguir una felicidad duradera. El perdón, el amor y la compasión son palabras simples en significado, pero pueden ser difíciles de entender correctamente. Son más difíciles cuando alguien desea practicar o ejecutarlas. Aún así, uno puede practicarlas si desea sinceramente realizarlas. Esa es la forma más fácil de guiarnos a la felicidad.

Bibliografía

1. Annie Besant (1914), *El Bhagavad Gita*, Adyar: Teosófico, Publishing House.
2. Durant Will (1952), *Historia de la filosofía*, Nueva York: Washington Square, Press.
3. Durant Will (1929), *Placeres de la filosofía*, Nueva York: Simon & Schuster.
4. Holroyd Stuart (1980), *La búsqueda de la tranquilidad mental*, Northamptonshire: The Aquarian Press.
5. Humphreys Christmas (1969), *El camino budista*, Londres: Allen & Unwin.
6. Humphreys Christmas (1951), *Budismo*, Viking: Penguin Books.
7. Krishnamurti Jiddu (1954), *La primera y la última libertad*, Londres: Victor Gollancz, Ltd.
8. Krishnamurti Jiddu (1986), *Comentarios sobre la vida*, tercera ed. (Ed.) Raga Gopal, D., Wheaton: La casa teosófica, 6ª edición.

9. Krishnamurti J. (1973), *Tú eres el mundo*, Nueva York: Harper. Krishnamurti, J. (1969), *Libertad desde el conocimiento*, (ed). Mary Lutyens, Nueva York: Harper.

10. Krishnamurti, J. (1954), *La primera y la última libertad*, Londres: Victor Gollancz.

11. Krishnamurti, J. (1977), *Las variedades de la experiencia de meditar*, Nueva York: Dutton.

12. Mogen, Kenneth W. (1956), *El camino del Buda* interpretado por los budistas en Nueva York: The Ronald Press Company.

13. Moore A. Charles (1950), *Ensayos sobre la filosofía en el oriente y occidente*, Honolulú: Universidad de Hawai.

14. *El Nuevo Testamento, el nuevo rey versión James*; Nashville, Thomas Nelson Publishers (1982).

15. Paul John II (1994), *Cruzando el umbral de la esperanza*, Nueva York, Alfred A. Knopt.

16. Sharma A. P. (1999), El *significado de conocerte a ti mismo*, Nueva Deli: Pustak Mahal.

17. Sharma A. P. (2000), *El lenguaje del amor*, Nueva Delhi: National Pub. Sarup and Sons.

18. Swarupananda, Swami (1971), *Shrimad Bhagwat Geeta*, Calcuta: Advita Ashram.

19. *Haciendo lo mejor de tu vida* (1994), Bombay: RDI Print and Publishing PVT. LTD.

20. *Inspirando a la gente que hizo una diferencia* (1993), Bombay: RDI Print and Publishing PVT. LTD.

21. Yogananda (1946), *Autobiografía de un yogui*, California: Self-Realization Fellowship.

22. Gibran Khalil (1926), *El profeta,* Nueva York: Alfred A. Knopt.

23. Bennett J. William (1977), *El libro de las virtudes*, Nueva York: Simon and Schuster.

Esta obra se terminó de imprimir en
OFFSET LIBRA, Francisco I. Madero No. 31,
Barrio San Miguel Iztacalco, C.P. 08650,
México, D.F. Tel: 5590-8269